Das Buch

Daß jemand einen Schatz in seinem Hause versteckt, kommt wohl auch heute noch vor. Daß aber jemand beginnt, den Eigentümer dieses Schatzes durch nächtliche Manipulationen an den Preziosen zu quälen, anstatt diese einfach zu stehlen, weist auf tiefe Bösartigkeit hin. Die ›Peinigung der Lederbeutelchen‹ ist denn auch mehr als eine Skurrilität, die dämonischen Untertöne sind unüberhörbar. Neben dieser und vier weiteren Erzählungen enthält diese Sammlung den »Ritter-Roman« ›Das letzte Abenteuer‹, in dem sich Doderer mit souveräner Ironie des Mittelalters bemächtigt. Wer den großen österreichischen Erzähler noch nicht kennt, findet in diesen Texten einen charakteristischen Zugang.

Der Autor

Heimito von Doderer, am 5. September 1896 als Sohn eines Architekten in Weidlingau bei Wien geboren, lebte fast ausschließlich in Wien. 1916 geriet Doderer in russische Gefangenschaft und kehrte erst 1920 zurück. Er studierte Geschichtswissenschaft und schrieb zunächst Fachaufsätze. 1930 erschien sein erster Roman ›Geheimnis des Reichs‹. Seit der Veröffentlichung seiner Hauptwerke ›Die Strudlhofstiege‹ (1951) und ›Die Dämonen‹ (1956) gilt Doderer als einer der bedeutendsten österreichischen Schriftsteller. Er starb am 23. Dezember 1966 in Wien.

Conradin von Planta
Rittergasse 7, 4051 Basel, ⌀ 061/23 81 58

Heimito von Doderer:
Die Peinigung der Lederbeutelchen
und andere Erzählungen

Deutscher
Taschenbuch
Verlag

Von Heimito von Doderer
sind im Deutschen Taschenbuch Verlag erschienen:
Die Merowinger (281)
Die Wasserfälle von Slunj (752)
Die Strudlhofstiege (1254)
Ein Mord den jeder begeht (10083)

Juli 1984
Deutscher Taschenbuch Verlag GmbH & Co. KG,
München
Auswahl aus: ›Die Erzählungen‹
© 1972 Biederstein Verlag, München
ISBN 3-7642-0149-5
Umschlaggestaltung: Celestino Piatti
Gesamtherstellung: C. H. Beck'sche Buchdruckerei,
Nördlingen
Printed in Germany · ISBN 3-423-10287-X

Inhalt

Die Peinigung der Lederbeutelchen 7
Ein anderer Kratki-Baschik 24
Zwei Lügen oder Eine antikische Tragödie auf dem
    Dorfe 38
Das letzte Abenteuer 51
Tod einer Dame im Sommer 128
Unter schwarzen Sternen 145

Anmerkungen 172

Die Peinigung der Lederbeutelchen

Wenige Tage nach dem Leichenbegängnisse Coyle's, des alten Geizhalses, erschien bei mir Mr. Crotter, sein ehmals nächster Freund, und der einzige Mann in unserer Stadt und im ganzen Distrikte überhaupt, von dem gesagt werden konnte, daß er noch reicher sei, als der jüngst Verstorbene es war; ja eigentlich galt er sogar als um ein Vielfaches wohlhabender. Die Uhr rückte gerade auf neun, als Mr. Crotter kam, ich saß am Feuer, hatte mein Frühstück beendet und hielt noch die Teetasse in der Hand. Draußen lag ein rauchiger Winternebel vor den Fenstern. »So zeitig?!« sagte ich, während ich mich erhob und den alten Herrn begrüßte, »gibt es was Neues? Ich wollte heute gegen Mittag bei Ihnen vorsprechen (ich war damals noch Crotters Rechtsanwalt), und nun machen Sie mir schon am Morgen die Ehre Ihres Besuches in meinem bescheidenen Heim« – damit bot ich ihm einen Lehnstuhl und eine Zigarre an. »Hören Sie mal«, meinte er, nach ein paar Zügen, »ich ging an Ihrem Hause vorüber, und dabei kam mir der Gedanke, daß Sie eigentlich ein recht vernünftiger junger Mann seien, und so entschloß ich mich jetzt gleich, heraufzusteigen und mit Ihnen über eine Sache zu reden, die den verstorbenen Coyle betrifft.«

»Ah –!« sagte ich, »wegen des Testamentes...?« – dieses letztere bildete jetzt einen häufigen Gesprächsgegenstand in unserer Stadt, was aus allerlei Gründen begreiflich erscheint. Denn zuerst, nachdem den alten Harpagon wieder einmal, jedoch nunmehr endgültig, der Schlag gerührt hatte, war überhaupt keine Aufzeichnung eines letzten Willens zu finden gewesen; jetzt aber schien wieder jedermann neugierig, was wohl in jenem, wie seit vorgestern verlautete, endlich entdeckten Schriftstücke verordnet sein mochte bezüglich eines so bedeutenden

Vermögens, und ob nicht etwa doch wenigstens die Pfarre oder ein Wohltätigkeitsinstitut der öffentlichen Hand irgendein Legat erhalten habe, und dergleichen mehr ...

»Sind Sie etwa«, fragte ich, »in dem Testamente irgendwie erwähnt, oder an der Verlassenschaft gar beteiligt?«

»Das kann ich noch nicht wissen«, sagte Mr. Crotter, »man eröffnet eben jetzt das Schriftstück. Ich traf nämlich den Notar zufällig vor einer halben Stunde auf der Straße, und ich sagte ihm auf jeden Fall, daß ich hier bei Ihnen sein werde. Übrigens haben sich Verwandte gefunden, hörte ich, eine natürliche Tochter, oder so etwas. Sie dürften zudem wissen, daß ich wahrhaft keinen Grund habe, nach einer Erbschaft zu schielen, und wenn mir der alte Coyle irgendetwas von Wert vermacht haben sollte, würde ich's unverzüglich dem Pfarrer übergeben, denn ich trage kein Verlangen nach den zusammengescharrten Schätzen dieses widerlichen alten Geizkragens.«

»Erlauben Sie«, sagte ich mit leichtem Erstaunen, »gleichwohl waren Sie sein einziger Freund, ja der einzige Mensch überhaupt, mit dem er Umgang hatte. Beinahe buchstäblich genommen. Er hielt ja, wie es hieß, nicht einmal Dienerschaft.«

»Nicht einen Menschen. Irgendeine alte Vettel kam wohl über Tag, kochte und besorgte das Nötigste. Er pflegte in der Küche hinter ihr zu stehen und aufzupassen, daß nicht zuviel Fett in die Pfanne getan werde. Habe das selbst gesehen. Er hatte von der Stadt hier bis nach dem alten grauen verwahrlosten Kasten da draußen, den er sein Haus nannte, eine gute Dreiviertelstunde zu gehen, und machte das, trotz seines hohen Alters, stets zu Fuß, falls er schon überhaupt einmal aus dem Baue kroch. Wenn er am Droschkenstand vorbeiwatschelte, pflegten die Kutscher ihm Frechheiten nachzurufen. Ja wirklich, Sie haben Recht, Doktor, er war vollkommen einsam. Verdiente es auch nicht anders, meines Erachtens nach. Wenn ich zu ihm hinausfuhr – und das tat ich dann stets mit dem neuen schönen Jagdwagen und den beiden

Füchsen, um ihn zu ärgern sozusagen – wenn ich also hinausfuhr, mußte der Diener das Essen einpacken, aber nicht nur das, sondern wenn ich da draußen nur eine Tasse Tee nehmen wollte, ließ ich schon alles mitführen, Service, Tee, Zucker, selbst den Weingeist für die Teemaschine. Einmal brachte ich nichts. Er löffelte ruhig sein abendliches Milchsüppchen mit altem Brot darinnen, und ich sah dabei zu. Er hat mir niemals irgendetwas angeboten, nicht einmal Tabak, um eine Pfeife zu stopfen.«

»Nun, da kann man wirklich sagen«, meinte ich lachend, »daß Ihr Umgang mit dem seligen Coyle zumindest keinerlei eigensüchtige Motive hatte! Indessen – Verzeihung, Sir, es geht mich ja gewiß nichts an – jedoch man könnte schon dazu gelangen, die Frage zu stellen, was eigentlich einen so lebenslustigen und gerade in den materiellen Dingen des Lebens ganz ausgesprochen großzügigen Mann, wie Sie, an diesem alten – na – Harpagon angezogen haben mag ... nun, ich meinte eigentlich: es wäre schier zu glauben, daß Sie Coyle einfach deshalb brauchten, um ihn zu verabscheuen – wenn anders ich mir einen kleinen Seitensprung in die Psychologie erlauben darf –«

»Bewahre!« sagte er sehr lebhaft, und sein etwas zu groß geratenes Gesicht zog sich noch mehr in die Länge, wobei seine dachförmig geknickten Augenbrauen, die noch ganz tiefschwarz waren, sich sozusagen in spitze Hütchen verwandelten – »bewahre!« rief er, »davon kann überhaupt keine Rede sein. Weder habe ich Coyle jemals verabscheut, noch gehaßt. Wohin denken Sie! Nein – er war ein im Grunde interessanter und ein sehr gescheuter Mann. Coyle hat in seiner Jugend die ganze Welt gesehen. Ich konnte ihm stundenlang zuhören. Anschauen durfte man ihn freilich dabei nicht, sah ja aus wie ein Knollengewächs oder ein wandelnder Kegelstumpf. Dazu eine Haut wie Pipa, die Wabenkröte. Na, Gott hab ihn selig. Jedoch – und nun hören Sie genau zu, junger Mann, denn das ist jetzt die Angelegenheit, derentwegen ich Sie eigentlich sprechen wollte – jedoch ich habe, im Zusammenhange mit Coyle, die letzten Monate hindurch tatsächlich gehaßt, sogar auf das heftigste, wenn auch nicht den Verstorbenen, und überhaupt keinen Menschen, sondern vielmehr ein totes Ding, oder, genauer angegeben, eine Reihe von toten Dingen. Ich bin gewissermaßen gekommen, um bei Ihnen mein Herz zu erleichtern, ja, wenn Sie's so nennen wollen, um zu beichten – seltsam, ich alter Kerl einem Jungen.«

»Ihr Vertrauen ehrt mich«, sagte ich, denn mir fiel augenblicklich nichts besseres ein. Ich war überrannt und natürlich nicht im Bilde. »Erlauben Sie mir nur«, fuhr ich fort – vielleicht in dem Wunsche, Zeit und damit Sammlung zu gewinnen – »erlauben Sie mir nur, noch telephonisch mit meinem Kollegen zu sprechen, den Sie heute morgen getroffen haben, bevor Sie hierher kamen. Vielleicht kann er mir schon sagen, wie es mit dem Testamente steht, ich meine vor allem in bezug auf Sie, Mr. Crotter.« Damit griff ich zum Hörer. Der Notar sagte mir »den alten Crotter hat er nicht mit einem Sterbenswörtchen in dem letzten Willen erwähnt, eigentlich abscheulich, dabei hat sich der noch als einziger um ihn gekümmert, die ganze letzte Zeit hindurch – aber so sind solche Leute schon, filzig bis über's Grab und obendrein undankbar – ja, diese arme Tochter wird natürlich alles bekommen, ist ja auch niemand da, der's anfechten würde – einen verschlossenen Brief habe ich hier, ›an Mr. Crotter zu übergeben nach meinem Ableben‹ – der Alte ist noch bei Ihnen, Doktor? ja? wird vielleicht sehr enttäuscht sein?! Nein? na umso besser. Ich schick' den Brief 'rüber, durch meinen Clerk, in einer halben Stunde. Mr. Crotter soll die Bestätigung unterschreiben, damit ist's erledigt.«

Derlei geht in kleinen Landstädten, wo man einander kennt, und schon gar unter Kollegen, ohne viel Umstände. Ich teilte meinem Gast mit, was ich erfahren hatte, freilich unter Hinweglassung der Randbemerkungen des Notars. Mr. Crotter zeigte wenig Interesse, nur als er von dem Brief hörte, der in einer halben Stunde hierher gebracht werden sollte, hob er plötzlich den Kopf, augenscheinlich aus einer Grübelei heraus, in die er während meines Telephonierens verfallen war.

»Hören Sie recht gut zu«, sagte er unmittelbar danach, gleich an das Frühere anknüpfend, »denn es wird Ihnen so leicht nicht fallen, mir in dieser Sache Verständnis entgegenzubringen, und ich brauche sogar mehr als das, nämlich geradezu – Trost. Dieser jüngst verstorbene alte Mann also hatte im Laufe seines langen Lebens verschiedenerlei gesammelt, und, wie Sie bei Mr. Coyle leicht denken können, werden das nicht gerade Dinge gewesen sein, denen nur ein reiner Liebhaberwert zukommt. Eines Tages also führte er mich durch das ganze Haus, bis in ein abseits gelegenes Zimmer im linken Flügel – die Räume, durch welche wir dabei schritten, waren sichtlich unbewohnt, durch verschlossenen Fensterladen verdunkelt, und natürlich namenlos kalt. Coyle beschränkte sich ja auf ein einziges Zimmer. Als wir hinten angelangt waren, machte er Licht, und öffnete in dem gänzlich verstaubten, aber ziemlich geräumigen Kabinette, worin wir uns jetzt befanden, einen alten Kleiderschrank, der zunächst nichts zu enthalten schien, als etliche Regenmäntel und Paletots. Jedoch, als Mr. Coyle diese beiseite geschoben hatte, wurde eine eiserne Kasse sichtbar, eine solide Kasse, wenn auch, wie ich auf den ersten Blick sah, von uralter Konstruktion, sozusagen von anno Tobak.

Ich bin mir heute freilich darüber klar, daß alles, was jetzt geschah, eine Kundgebung größten, ja ganz außerordentlichen Vertrauens von seiten Mr. Coyle's war. Und das eben macht die Sache umso schlimmer.

Er öffnete den Tresor – wobei ich schon sehen konnte, wie primitiv das Schloß gemacht war – und ließ mich hineinblicken. Da drinnen herrschte sozusagen musterhafte Ordnung. Bei dem scharfen Licht der elektrischen Lampe, das geradewegs in den Hohlraum fiel, sah ich, daß hier – und zwar auf übereinander angeordneten, dick gepolsterten, rotsamtenen Stufen, ähnlich wie in den Schaukästen der Museen – in drei Reihen kleine Beutelchen von Sämischleder saßen. Beachten Sie wohl, wenn ich sage: sie *saßen*.«

»Ja«, sagte ich. »Aber man könnte doch auch sagen: sie standen; oder: sie lagen.«

»Nein, keineswegs. Verstehen Sie wohl: gerade das *Sitzen* dieser Beutelchen war so überaus deutlich, um nicht zu sagen penetrant, daß ich mir zu jedem von ihnen gleich auch kleine Beinchen hinzudenken mußte, die über die Stufe herab baumelten (ich wunderte mich über solch kindische Vorstellungen bei einem immerhin schon alten Mann), und, sehen Sie, Doktor, darüber geriet ich in Zorn. Ja. Damit begann es.«

»Wie – warum gerieten Sie in Zorn?«

»Wegen des Sitzens – genau genommen.«

»Wie?!« rief ich, leicht aufgebracht, und dabei, das fühlte ich, in irgendeiner widerwärtigen Weise von ihm schon angesteckt, »aber es waren doch in Wirklichkeit gar keine Beinchen vorhanden?!«

»Natürlich nicht. Diese sind auch zum Sitzen nicht unbedingt erforderlich. Dieses Sitzen wurde vielmehr bewirkt –«

»Erlauben Sie –«, unterbrach ich ihn, »Sie meinen: der Eindruck des Sitzens wurde hervorgerufen.«

»Nun ja, meinetwegen«, sagte er, leicht ungeduldig, »der Eindruck wurde also hervorgerufen dadurch, daß diese Kerlchen eigentlich die Form von umgekehrten Steinpilzen hatten: breit, gesetzt, wie man ja auch zu sagen pflegt. Das nächste, was ich bemerkte, war, daß jedes von ihnen vorne eine große Nummer am Bauch trug, dunkel in das graue Sämischleder eingepreßt. Es saßen sechsunddreißig im ganzen hier, die Nummern eins bis zwölf auf der untersten, dreizehn bis vierundzwanzig auf der mittleren, fünfundzwanzig bis sechsunddreißig auf der obersten Stufe, von links nach rechts geordnet. Coyle zeigte mir auch ein Verzeichnis, das innen an der Tür des

Tresors angebracht war und den Inhalt jedes dieser Geschöpfe genau angab. Etwa: Nummer dreiundzwanzig, Smaragden, neununddreißig Stück, Schliff, Gewicht, alles im einzelnen vermerkt ... Es war ein Vermögen hier angehäuft. Nummer zweiunddreißig enthielt die unbeschreiblichsten Brillanten, dergleichen ich niemals so groß und so zahlreich beisammen gesehen. Jeder Stein befand sich überdies noch in einer Hülle von Rehleder, die mit einem Buchstaben des Alphabetes bezeichnet war und das Inhaltsverzeichnis der einzelnen Beutelchen führte alle Daten für jeden einzelnen Stein an. Zehn bis vierzehn enthielten märchenhaft große Perlen. Achtzehn bis dreiundzwanzig enthielten sogenannte nuggets, natürliche Goldkörner, fast alle größer als Haselnüsse: sie bildeten offenbar noch den am wenigsten wertvollen Teil dieser Sammlung.

›Wozu der viele Samt?‹ fragte ich Coyle.

›Damit der Mammon warm sitzt, ja, ja!‹ entgegnete er scherzhaft, und rieb sich die Hände.

Nun muß ich Ihnen ergänzend mitteilen, daß ich im Grunde für derlei Dinge nie Interesse gefühlt habe, und wenn ich dem alten Coyle wiederholt meine Bewunderung für seinen Hort ausdrückte, so geschah das zum guten Teil aus Höflichkeit und um ihm Freude zu bereiten. Im Vertrauen gesprochen – ich will da ganz offen zu Ihnen sein, Doktor, wenn es schon an dem ist, daß ich beichte – diese Schätze des Mr. Coyle könnte ich, wie die Verhältnisse heute bei mir liegen, immer noch leichtlich kaufen, wahrhaft ohne mich dabei irgendwie anzuspannen. Jedoch tät' ich's nie, und schaffe mir für mein Geld lieber andere Freuden.

Wichtig ist nun das folgende: der Umstand, daß Mr. Coyle, bei dem ich auch den Abend noch verbrachte, gerade damals von einem seiner schlimmen Zustände befallen wurde – es rührte ihn leicht der Schlag, so nennt man's wohl? Wie? Habe nie was von Medizin verstanden. Apoplexie, mag sein – kurz, auch dieser Umstand scheuchte mich nicht aus dem Bannkreise gewisser Vorstellungen, obwohl ich mich gleichzeitig um Mr. Coyle bemühte und meinen Kutscher mit dem Wagen zum Arzt sandte, was sich indessen als überflüssig herausstellte, denn Coyle hatte seine vorgeschriebenen Mittel stets zur Hand, und die Aufwärterin war vom Doktor instruiert. Als es Mr. Coyle etwas besser ging, fuhr ich zur Stadt, und suchte jemand auf, dort jenseits des Flusses in dem Vorort. Der Name tut nichts zur Sache. Es war schon ziemlich spät nachts. Ich bin in den folgenden Wochen unzählige Male da drüben gewesen. Habe dort eine ganze Reihe von Kenntnissen und Fertigkeiten erworben, die mir bis dahin nicht geläufig waren, und, wahrhaftig, ich hatte in meinem bisherigen Leben auch keinen Bedarf nach derlei: beispielsweise zu wissen, wie man einen Fensterladen und ein Fenster von außen öffnet, ohne allzuviel Lärm und ohne das Glas eindrücken zu müssen – was alles bei alten klapprigen derartigen Vorrichtungen gar nicht so schwer ist; ferner, wie man, wenn der Wind geht, den Lärm geschickt ausnützen muß, den jener macht; weiter, wie man ein Kastenschloß öffnet; endlich aber – das Wichtigste – die Kunst, blitzschnell Wachsabdrücke zu machen, die brauchbar für einen Handwerker sind, um danach einen passenden Schlüssel herzustellen. Mein Studium dauerte lange Zeit, ich war da wirklich auf eine Hochschule geraten, und knauserte auch nicht mit den Kollegiengeldern, so daß mein Lehrer in jeder Hinsicht recht zufrieden war. Späterhin aber, als meine Fähigkeiten sich schon als respektabel erwiesen, hielt ich doch für nötig, mich lebhafter für Edelsteine zu interessieren, und verbrachte ein oder die andere Stunde mit Mr. Coyle in seiner Schatzkammer. Als ich die Wachsabdrücke endlich hatte, ließ ich sämtliche erforderlichen Schlüssel herstellen, und obendrein noch einen, der eine kleine Pforte im Flügel sperren konnte, also, daß ich jenes Kolleg über Fensterladen eigentlich umsonst belegt und gehört hatte.«

Ich wußte nicht, was ich denken sollte. Würde Mr. Crotter etwa beabsichtigen, mich in dieser Angelegenheit auch als Juristen heranzuziehen? Das Gebiet des Strafrechtes lag ja von den Dingen, die er eben beschrieb, nicht mehr allzuweit ab!? Sein großes Gesicht zeigte während des Sprechens einen seltsamen Wechsel zwischen wirklicher, echter Bekümmernis und der dann wieder hervorbrechenden, ganz offenbaren Freude über irgendeine verübte Büberei; und diese ganze Verfassung berührte mich bei dem alten Manne recht unangenehm.

»Soweit war ich also«, fuhr er fort, »alles klappte, das heißt, es paßten alle Schlüssel, und die in Betracht kommenden Schlösser und Türangeln hatte ich sogar heimlich geölt, mit einer kleinen Spritze, die ich zu diesem Zwecke bei mir trug. Die Gelegenheiten zu all' diesen schnellen Hantierungen waren nicht allzuschwer wahrzunehmen gewesen, Mr. Coyle ließ mich sogar in seiner Schatzkammer einmal allein. Gerade bei diesem Anlasse aber wuchs mein Haß bis in's Ungemessene.«

»Gegen Mr. Coyle, Ihren Freund?!«

»Bewahre!« rief er, »ach nein! Aber diese Kerlchen! Die grauen Bäuchlein aus Sämischleder! Die gedrungenen Körperchen! Das reihenweise Sitzen! Der weiche, warme, rote Samt! Diese ganz abscheuliche Versammlung von sechsunddreißig bösen, neidigen Greisen-Geschöpfchen, in der sicheren – haha! sicheren – Hut der Kasse da drinnen! Hier sollte ein Exempel statuiert, ein Gericht gehalten, hier sollte auf's Grausamste eingeschritten werden! – Ich habe es übrigens keineswegs unterlassen, meinem Freund Mr. Coyle Vorhaltungen zu machen wegen der nicht genügend sicheren Verwahrung seines Schatzes: zu weit weg von seinem Schlafraume, ohne Alarmvorrichtung und in einer gänzlich veralteten Kasse, ganz abgesehen davon, daß er allein hier im Hause schlafe (was ich bei einem so alten Manne überhaupt ganz unbegreiflich fand). Aber er knurrte mich nur an, und sagte, nun stände das Ding bald vierzig Jahre dort rückwärts, auch

käme gerade dahin niemals die Wirtschafterin, weil sie dort nichts zu suchen habe, und also könne sie auch nicht spionieren. Sollte er sich etwa jetzt um teures Geld eine neue Kasse kaufen und herausschaffen lassen, damit jeder in der Stadt es nur gleich erfahre, daß bei ihm Wertvolles zu holen sei? Derlei Apparate zögen die Gauner geradezu herbei, meinte er (hatte vielleicht nicht so ganz Unrecht damit). Also ließ ich diesen Gesprächsgegenstand fallen. Und vierzehn Tage später schritt ich zur ersten Aktion.«
Er schwieg und warf den Zigarrenstummel in's Kaminfeuer, dessen helle Glut, als er sich vorbeugte, seinem übergroßen Gesicht mit den spitzen Hütchen der Augenbrauen ein geradezu unheimliches Aussehen verlieh.

»Mein erster Besuch bei Mr. Coyle, von dem er nicht wußte, fand gegen drei Uhr morgens statt. Ich ging zunächst noch milde vor. Das heißt, ich stiftete lediglich eine moderate Unordnung, indem ich Nummer siebzehn, von der zweiten Stufe, dazu zwang, mit Nummer dreißig, dritte Stufe, den Platz zu tauschen. Dann verschwand ich wieder, lautlos, wie ich gekommen. Immerhin war einmal in diese pedantische, verknöcherte Gesellschaft hineingefahren worden.«

Ich sagte überhaupt nichts mehr.

»Er pflegte«, fuhr Mr. Crotter alsbald fort, »seine Schätze wöchentlich einmal einer Kontrolle zu unterziehen, auf's genaueste, das hatte er mir selbst gesagt. Als die angemessene Zeit vergangen war, besuchte ich ihn. Und ich kann Ihnen sagen, ich war aus ehrlichem Herzen um Coyle besorgt. Er mußte doch Nummer siebzehn, zweite Stufe, auf dem Platze Nummer dreißig, dritte Stufe, bemerkt haben. Während ich hinausfuhr, tat er mir geradezu leid. Mein Gewissen regte sich fühlbar. Wenn ihm nun, was Gott verhüten möge, was zugestoßen ist! dachte ich immer wieder. Ein Schlaganfall! Mir wurde kalt vor Schreck im Wagen, ich war nahe am Weinen – aber was sagen Sie nun dazu: diesem alten Kerl war nicht das geringste anzumerken, es war nicht das allermindeste Zeichen aus dem scheußlichen Harpagon herauszubringen, ob er was gemerkt und wie das auf ihn gewirkt habe? – na, ich wurde geradezu schamlos und fragte: ›Nun, Mr. Coyle, haben Sie Ihre Schatzkammer wieder mal gemustert?‹ Und, was glauben Sie, er antwortete mir in aller Ruhe: ›Na freilich, gestern, ohnehin mein einziges Vergnügen.‹

Da mußte also schärfer durchgegriffen werden.

Ich ließ geraume Zeit vergehen. Dann schritt ich wieder ein. Ich nötigte sechsundzwanzig, siebenundzwanzig, achtundzwanzig, neunundzwanzig –«

»Erlauben Sie mir«, sagte ich gereizt, »was bedeutet das: Sie nötigten?«

»Das bedeutet, daß ich die Kerlchen zwang, vom Samte zu steigen, herabzumarschieren, und sich unverzüglich in der ersten Reihe auf zwei, drei, vier, fünf draufzusetzen. Ich sah förmlich die Beinchen baumeln. Zudem saßen sie schlecht.«

Ich seufzte.

»Beim nächsten Male, als ich – nach angemessener Zeit natürlich, aber ich konnte es kaum erwarten – zu Coyle fuhr, ließ ich den Diener außer dem Abendessen noch einen Korb Rotwein für Mr. Coyle mitnehmen. Sehr wahrscheinlich aus elendem Gewissen, vielleicht aus Angst um Coyle, ja, ganz gewiß aus der Erwägung, daß der arme alte Mann etwa einer Stärkung bedürftig sein könnte – ja, aber welche Niedertracht erwartete mich? Er aß ruhig sein Milchsüppchen. Es war – nichts. Nichts. Gar nichts. War das auszuhalten? Sagen Sie selbst: war das noch auszuhalten?«

»Es scheint mir, daß Sie Mr. Coyle ganz unermeßlich gehaßt haben müssen«, entgegnete ich traurig.

»Bewahre!« sagte er, und sein Gesicht wurde bei dem betonten Vokal dieses Wortes plötzlich übermäßig lang, wie etwa Gesichter in einem verzerrenden Spiegel, nach der Art jener, die man auf Jahrmärkten in den Buden sehen kann, »bewahre! Verzeihen Sie, aber ich finde es beinahe langweilig, daß Sie immer dasselbe sagen. Nun weiter: Ich ertötete von da ab jedes Mitleid in mir, drei, elf, neunundzwanzig, acht, siebzehn und zehn mußten beim nächsten Male ganz einfach aus dem Kasten, und in einer kreisförmigen Anordnung – angesichts der von außen wieder sorgfältig versperrten Türe des Tresors! – außerhalb desselben Platz nehmen. Siebzehn im Mittelpunkte des Kreises sitzend. Und zwar auf dem Fußboden. Beim nächsten Mal, als ich zu Coyle hinausfuhr, ließ ich einen Korb Champagner einpacken. Er trank davon viel und mit Vergnügen, bei allerbester Laune, ebenso von dem Rotwein, man kann schon sagen, daß er soff. Sie verstehen, daß meine Lage nunmehr vollkommen unhaltbar sich gestaltete, und damit hängt es eben zusammen, daß ich mich hinreißen ließ, daß ich zum Äußersten schritt, daß ich vor keiner Roheit mehr zurückschreckte. Und nun sehen Sie, deshalb bin ich ja bei Ihnen, obgleich mir vielleicht besser gewesen wäre, zum Pfarrer zu gehen –«

Ich erschrak. »Mr. Crotter«, sagte ich in sehr ernstem Tone, »sprechen Sie bitte ohne Umschweife.« Ich setzte mich aufrecht. »Haben Sie Mr. Coyle – irgendein Leid angetan?«

»Bewahre!« rief er, und jetzt schien mir sein Gesicht einen Augenblick lang von den Haaren bis zur Kinnspitze mindestens einen Yard zu messen, »es ist ja wahrhaft entsetzlich, wie phantasielos ihr jungen Leute seid! Ach, diese Generation nach dem Kriege! Für alles sucht sie immer nur die banalste Erklärung. Sie verzeihen schon. Aber, in Anbetracht des Altersunterschiedes zwischen uns –«

Ich machte eine Bewegung mit dem Oberkörper, die einer leichten Verbeugung etwa gleichkommen mochte.

»Unsinn, alles Unsinn!« rief Mr. Crotter. »Nun weiter: es folgte zunächst eine Häufung meiner nächtlichen Besuche, deren Abstände somit immer kürzer wurden. Sechs, neun, elf, neunzehn, sechzehn, ferner fünfzehn, achtzehn, dreiundzwanzig, achtundzwanzig, und dazu von oben fünfunddreißig, sechsunddreißig, vor allem anderen aber siebzehn, mußten zunächst im Gänsemarsch aufziehen, Richtung vom Tresor zur Türe. Siebzehn voran. Beim nächsten Male befahl ich eine Schlangenlinie, ließ dieselbe beim übernächsten Mal wiederholen (immer siebzehn voran!) und verfiel – nachdem ich's auch mit Doppelreihen versucht hatte – auf's Kavalleristische: zwei, hopla!, aufgesessen auf drei, vier auf fünf, sechs auf sieben, und so fort, siebzehn voran, naturgemäß« (ich wollte eine Zwischenfrage tun, da mir ›naturgemäß‹ nicht recht einleuchtete, aber Mr. Crotter war dermaßen in Schuß gekommen, daß dieser Versuch mißlang). »Indessen mußte ich bei alledem bald erkennen«, – fuhr er fort – »daß ich es im Grunde doch nur mehr auf siebzehn (zweite Reihe) abgesehen hatte, dieses Geschöpf war mir zum Brennpunkte unermeßlichen Hasses geworden, warum, weiß ich nicht, ich habe auch nie nachgeprüft, was jener Graubauch eigentlich enthielt, ist ja auch gleichgültig.

Unverzüglich schritt ich numehr zu jenem Äußersten, das heute mein Gewissen so sehr beschwert, Doktor. Ich wählte eine ganz abscheulich kalte Winternacht. Ich öffnete beide Fensterflügel weit, ließ siebzehn allein herausgehen, schlang ihm eine mitgebrachte Schnur um den Hals, und hing ihn in die äußerste Kälte, ans Fensterkreuz, so daß er etwa einen Yard darunter schwebte. Der Tresor war natürlich wieder ordnungsgemäß verschlossen worden.«

Er schwieg und auch ich äußerte nichts und starrte in das Feuer, dessen stille Glut jetzt, da keine Flammen mehr züngelten, gleichmäßig und tief, wie roter Samt, leuchtete.

»Am darauffolgenden Abend ist Mr. Coyle gestorben. Wie Sie wissen, infolge sogenannten Herzschlages.«

»Sie hätten vielleicht doch gut daran getan, zum Pfarrer zu gehen, Mr. Crotter«, sagte ich.

»Meinen Sie, daß man unserem ehrwürdigen Vikar so etwas begreiflich machen könnte? Ich bin nicht dieser Anschauung.«

»Ich auch nicht, Mr. Crotter. So etwas kann man überhaupt keinem – verzeihen Sie – vernünftigen Menschen begreiflich machen, gleichwohl, vielleicht hätte der Pfarrer Ihnen doch einiges sagen können, einiges in bezug auf Ihr Gewissen...«

»Da sind wir, wo wir hingehören!« rief er höchst lebhaft, ja geradezu begeistert, was mich hinwiederum befremdete. »Das Gewissen! Das ist's! Sie können sich kaum vorstellen, was ich leide, seit der alte Mann gestorben ist. Mein Leben läuft unter einem dumpfen Drucke ab. Ich will kein furchtbares Wort gebrauchen für das, was ich möglicherweise doch getan habe, aber dieses Wort steht ständig in mir bereit, will sich hervorwagen, will ausgesprochen werden... sehen Sie, deshalb ging ich zu Ihnen, Sie sind ein junger Mann von Welt, von Einsicht – ach, was nützt mir unser alter Pfarrer!« Er redete sich geradezu in Schwung, es entstand bei mir der groteske Eindruck, als würde ihm diese seine Gewissensangst geradezu einen Genuß, ja fast möchte ich sagen eine kindische Freude bereiten...

»Ich will nicht noch einmal wiederholen, worüber Sie sich früher schon ärgerten, Mr. Crotter«, sagte ich, »aber Sie wissen ja, was ich für den eigentlichen Urgrund Ihrer Handlungsweise gegenüber Coyle halte... und gerade darin scheint mir Ihre Schuld zu liegen, von welcher selbst dann noch etwas übrig bliebe, wenn wir beispielsweise annehmen wollten, daß Mr. Coyle von allem Anfange an Ihre ganze Narretei durchschaut, Sie, Mr. Crotter, als den Täter richtig angenommen, sich also in keiner Weise bekümmert oder geängstigt habe. Das heißt, daß er Sie gewissermaßen – gewähren ließ, die ganze Sache als ein harmlos kindisches Treiben betrachtend. Dafür sprechen doch immerhin einige Gründe. Man ließ Sie auffallend lange ganz ungestört. Nie wurde ein Wort über die Sache Ihnen gegenüber gesprochen –«

»Aber am Ende hat ihn doch der Schlag getroffen!« unterbrach er mich, und unglaublicherweise geradezu triumphierend. Gleich danach aber schlug sein Ton in's völlig Jämmerliche um: »Ach, könnt' ich mich mit dem, was Sie eben sagten, wirklich trösten, Doktor, ich tät' es zu gern! Jedoch, wie wäre jemals darüber Gewißheit zu erlangen?! Und nur die Gewißheit könnte hier der wahre Trost sein und die Befreiung von den Qualen des Gewissens bedeuten! Sie meinen also, es wäre immerhin möglich – daß dieser letzte Schlaganfall ... daß dieser Umstand nur als ein sozusagen zufällig gerade an jenem Tage eingetretener betrachtet werden könnte? Und nicht als Folge der Entdeckung des entsetzlichen Zustandes, in welchem ich siebzehn gezwungen hatte, die ganze Nacht zu verbringen? Vielleicht hat er am nächsten Tage gar keinen Kontrollgang unternommen? Jedoch, wär's nicht auch möglich, daß er, wenn auch von Anfang alles wissend – was ich nicht glaube, nicht glauben darf, weil ich mir die Sache damit allzuleicht machen würde!! – wär's nicht auch möglich, daß er *trotzdem* von jener letzten Entdeckung gebrochen und niedergeschmettert wurde: einfach deshalb, weil es eben – um's kurz zu sagen: einfach schon zu arg war, was er da am Ende noch sehen und erleben mußte? Wie? Mein armer toter Freund! Und – wie konnten Sie von meiner ›Handlungsweise gegen Coyle‹ sprechen?! Welch' ein Mißverständnis! Habe ich je bei alledem – gegen ihn gehandelt? Bewahre! Bewahre! Ich sprach diesen elendiglichen Graubäuchen ein selbständiges Leben zu, sozusagen, diesen miserablen Geschöpfen hauchte ich gewissermaßen den Odem ein. Das war's. Sie waren aber nur ein Eigentum, ein schäbiges obendrein, meines Erachtens. Ich verwechselte die Begriffe von Subjekt und Objekt. Ich bin eigentlich unschuldig. Und doch kann ich mich dabei nicht beruhigen. Ich – und überdies mein armer Freund! – wir sind in gewissem Sinne die Opfer eines philosophischen Irrtumes meinerseits geworden ... ach, aber auch diese Einsicht bringt mir wenig Trost ...«

Es klopfte an der Türe, und mein Diener ließ den Clerk

des Notars ein, welcher alsbald Mr. Crotter einen versiegelten Briefumschlag mittlerer Größe überreichte. Als die Unterschrift geleistet, und wir wieder allein waren, brach mein Gast eilends die Enveloppe auf.

Man kann sich denken, daß ich ihn mit größter Spannung beobachtete. Was aber nun geschah, war in keiner Weise vorauszusehen gewesen und knüppelte sozusagen alle meine Erwartungen und Vermutungen in nichts zusammen.

Mit einer wilden Gebärde zerrte Mr. Crotter aus dem Briefumschlag ein Ding an's Licht, welches ich sogleich als einen schlaffen und leeren grauen Lederbeutel erkannte, aus dessen Maul ein länglicher Zettel heraushing. Crotter starrte einen Augenblick hindurch auf den Zettel, sprang auf, warf mir beides zu, und tat, tiefe Zornesröte im Gesicht, ein paar Schritte bis in die Mitte des Zimmers, wo er atemringend stehen blieb.

Ich betrachtete, was auf meinen Knien lag. Der leere Beutel von Sämischleder trug die Nummer »siebzehn« dunkel eingepreßt. Auf dem Zettel standen nur wenige Worte, die mich jedoch erschütterten, ja mir ein gelindes Grauen erzeugten:

»I am cold. I am getting very cold ...« Hier brach die Schrift ab.

»Mir ist kalt. Mir wird sehr kalt ...«

»Mr. Crotter –«, sagte ich leise, »Coyle wollte offenbar in seinen letzten Augenblicken noch an Sie schreiben, als ihn schon Todeskälte beschlich ...«

Hinter mir aber brach ein unbeschreibliches Toben los: »Wie?! was?! Todeskälte? Unsinn, alles Unsinn! Was verstehen Sie denn da? Der Beutel, das Beutelchen, der elende Graubauch, das graue Schweinchen, dieses widerlichste Geschöpf spricht doch diese Worte! Kalt ist dir? Ha! Ich will dir helfen! Warte mal! Da –!«

Er fuhr auf mich los, entriß mir das Beutelchen, schleuderte es in die Glut des Kamines und schrie:

»Da! wärme dich im roten Samte, du Scheusal, du Widerling, elender Graubauch! Verbrenn' dir deine Pilzbeinchen –!«

Das Leder rollte sich in der Glut, die in glimmendem Rande darauf vorschritt. Jetzt blähte sich das Ding ein wenig auf, schien platzen zu wollen, ja schien sich als Ganzes zu krümmen und zu bewegen ... Indessen tobte Crotter:

»Coyle hat alles gewußt! Wollte mich noch uzen! Dieses Schwein! Möge er in der untersten Hölle braten, wohin alle Geizhälse gehören. Solch' ein Schuft! Läßt mich da ein- und aussteigen! Oh, warte mal –!«

Crotter trat mit dem Stiefel in die Glut, den Rest der weißen Lederasche darin vergrabend. »Hat alles gewußt, der Schuft ...«, ächzte er nun noch einmal, und sank, endlich ermattet, im Lehnstuhl zusammen.

Eine gute Zeit hindurch blieb es vollkommen stille. Dann sprach Mr. Crotter wieder, mit leiser und trockener Stimme:

»Und was sagen nun Sie zu alledem, Doktor?!«

Jedoch, um's am Ende kurz zu machen, mir war an dem Punkte, wo wir jetzt hielten, die ganze Geschichte einfach zu dumm geworden.

»Nichts, Mr. Crotter«, antwortete ich daher ziemlich kühl, »die Sache scheint mir nur in jeder Hinsicht außerhalb meines Pflichtenkreises als Ihr Rechtsanwalt, sowie auch außerhalb meiner diesbezüglichen Kompetenzen zu liegen.«

Nun, er verließ mich doch recht verärgert, wie mir schien. Und vier Wochen später hat er mir seine Kundschaft und die Vollmacht entzogen. Ich war in der Ablehnung seines privaten Lebens offenbar zu weit gegangen. Der Verlust Mr. Crotters als Klienten bedeutete damals eine so empfindliche Erschütterung meines laufenden Budgets, daß ich allein aus diesem Grunde schon die Geschichte von der Peinigung der Lederbeutelchen bis heute im Gedenken behalten habe.

Ein anderer Kratki-Baschik

Dem Sommergotte, dem großen Pan, wird in der Stadt mit Kampfer und Naphthalin geopfert: es ist der kühle Einsamkeitsduft in den verlassenen und halb verdunkelten Behausungen, der als strich-zarter Geist um die verhüllten Möbel zieht, während die Bewohner solcher Räume in den wirklichen Wäldern gehn, oder in Gärten stehen, und auf ganz schmalen Kieswegen zwischen Beeten mit bunten Glaskugeln. Die dunklen Wälder sieht man liegen wie ein fallengelassenes Gewand am Fuß des entfernteren Hochgebirges, das mit schon nacktem Fels milchig-mild leuchtet im hohen Sommerhimmel, und da und dort noch den weißen Akzent eines Schneefeldes gesetzt hat.

Die Stadt ist unter den Horizont gesunken. Sie sinkt in der Hitze in sich selbst ein und wird einsam, weil so viele sie verlassen haben, und wird einsamer über dem dunstenden Asphalt, wenngleich da Hunderttausende Menschen noch herumfahren und rennen. Sie neigt zur Meditation. Sie hat viele Hohlräume dazu, Kavernen, Kavitäten: es sind die verhangenen, die kühl durchkampferten. Endlich kommen die Möbel auch einmal zu ihrem eigenen Leben. Die Meditationen der Stadt aber vollziehen sich nicht nur in solchen abgeschlossenen Räumen. Vor einem kleinen Wirtshause, »Zur Stadt Paris«, stehen in einer Seitengasse die Tische auf dem Gehsteig. Man sieht da blanke Bierseidel. Aus dem Lokal riecht es ein wenig kühl-kellrig, vielleicht nach Fässern, Weinfässern, Bierfässern. Jetzt erst bemerkt man, daß inzwischen der Mond über die Gasse getreten ist. Der Abend bleibt sehr warm.

Für die Gastwirte in den heißen Gassen ist der Sommer zu Wien nicht die beste Zeit, mag gleich die Hitze rascher das Bier laufen lassen, wenn es sechs Krügel im Schatten hat, wie man hier manchmal sagt: so strömt doch am Feierabend und gar am Wochenende alles hinaus; der Wienerwald entzieht der Stadt ihr Volk, und man sitzt gerne in der Luftigkeit der Schenken an den Hügeln, wo der Wein um die Lauben wächst und auf seinen gezackten Blättern der Mond glänzt, daß sie aussehen wie mit der Papierschere geschnitten, oder gar metallisch fest, wie von Blech.

Alles strömt hinaus. Dann beginnt die Stadt auch in den verlassenen Wirtsstuben zu meditieren, und draußen auf dem Gehsteig, wo die Tische stehen und vielleicht ein paar Lorbeerbäume in Kübeln.

Der junge Wirt »Zur Stadt Paris« und seine Frau gedachten doch die Sache wieder einmal in Schwung zu bringen, nach einer so langen Reihe von heißen Tagen, daß es schien, als wollte sie abends noch den letzten Gast absaugen, hinunter in den grünen Prater oder zum »Heurigen« nach Sievering. Dem entgegenzuwirken, bedurfte es freilich besonderer Mittel! Nun, Wirtsleute kennen ja ein groß Teil ihrer Gäste, und kaum hat ein anderes Geschäft solche Fülle der persönlichen Verbindungen nach allen Seiten, in alle Berufsstände, Lebensgebiete und Professionen hinein, auch in die seltsamsten: von überallher bieten solche Anschlüsse sich einem Wirte dar, und schon gar, wenn ihm selbst eine anziehende und liebenswürdige Persönlichkeit eignet, wie das bei dem Herrn Franz Blauensteiner der Fall war, und erst recht bei seiner schönen Wirtin, der Frau Elly, die mit jener Rundlichkeit, welche man unter den Wienerinnen oft antrifft, ein graziles Gehwerk verband – eine derartige Verbindung ist fast typisch für die Frauen unserer Stadt – und also eilfertig und munter durch das Lokal kugelte.

Sie kannten fast jeden. Mehr als das: sie erkannten jeden, sogar recht tiefgehend, früher oder später; sie erkannten etwa genau die Struktur eines verlobten Paares, dessen weiblicher Teil nach der Mode tizianrot gefärbtes Haar trug, lange Hosen und ein Sporthemd, während der

andere Partner, still und sanft, immer im gleichen anständigen Ausgehanzug erschien, der aber nicht gut saß, ein Privatangestellter, welcher fast seine ganze freie Zeit einer friedlichen Kunst zuwandte, der Bienenzucht nämlich, der Imkerei; und das heißt ja schon eigentlich, daß dieser Jüngling ein Sinnierer war. Sie hingegen wäre wohl lieber auf einem Motorrad gefahren und gehörte auch ohne dieses innerlich jener Partei an, die mit der Zeit geht, was wesentlich in der Bereitschaft zum Lärmen besteht, sei's mit welcherlei Apparaturen immer. »Wie die nur ausgerechnet zu dem Burschen kommt?« »Die Gegensätze ziehen sich halt an«, meinte Frau Elly, und: »Jetzt hat sie ihn schon einmal, und außerdem sieht man doch, wie sie ihn beherrscht. Das will sie natürlich nicht aufgeben.« »Wahrscheinlich hat der viel Geld, und sie weiß es«, sagte der Wirt. Man sieht schon, seine Ansicht von den menschlichen Beweggründen war handfest. Frau Elly hingegen, die sich auch kein Blatt vor den Mund nahm, wirkte doch schonender, obgleich sie tiefer drang. Das Paar zusammen erst ergab einen tüchtigen Psychologen.
So wußten sie über jede und jeden bald Bescheid, wo ihn etwa der Schuh drückte, oder wo einer das lebhafte Bedürfnis empfand, seine neuen schönen Schuhe herzuzeigen, oder aber die Photographie seiner Tante, weil die eine k. u. k. Hauptmannswitwe gewesen war; oder wenn etwa die alte pensionierte Garderobierin von der Hofoper ihre Vertrautheit und Vertraulichkeit mit berühmten Bühnenkünstlern ihres Zeitalters durchblicken ließ (»solche Stimmen wie damals gibt's heut' gar nicht mehr«), was bereits an Hand von sehr zahlreichen Photos geschah, alle mit Autogrammen geziert: ja, da schaute einen durch große Brillengläser mit goldenen Rändern bei ausführlicher Rede das Gesicht einer Zeit an, die sich, auch als sie noch dauerte, zuletzt eigentlich mehr selbst repräsentierte, als daß sie wirklich bestand ... Die fette kleine Amtsrätin mit dem nasenden Kopf wie ein Wiedehopf; und ihre Tochter, welche mit der Welt, mit ihrem Dackel,

und vor allem mit sich selbst so zufrieden war, daß es für eben jene Umwelt fast unerträglich wurde; und der Diplomingenieur Anton Rieger, der immer allein war und immer ein wenig traurig, ein bildhübscher Mann mit einem sehr gut gehenden Geschäft; ihn kannten die Blauensteiners fast am profundesten, und sie sahen an kleinen, gegen Mitternacht bei ihm auftretenden Zeichen – gewisse Bewegungen der Hände, gewisse wiederkehrende Wörter –, daß er heute nicht den Weg nach Hause nehmen würde, sondern den eines Irrsternes durch die Nacht und die Champagnerlokale der inneren Stadt, was bei dem alten Junggesellen von Zeit zu Zeit passierte.

Wir werden noch andere Gäste kennenlernen, aber erst nach der Zaubervorstellung: denn durch eine solche gedachten die Blauensteiners hier Leben hereinzubringen, das infolge der Julihitze allzusehr verebbt war. Natürlich hatten sie auch zu diesem etwas entlegenen Fache Beziehungen, das jedoch in Wien sehr beliebt ist und sogar hier eine große Tradition besitzt. Denn um 1870 oder 80 herum gab es in unserer Stadt den Kratki-Baschik, der es leicht hatte, seinen böhmischen Namen Kratky zu arabisieren oder zu turkisieren, kurz, ein bisserl orientalisch zu machen, durch Verwandlung des y in ein kurzes i und Anhängung des unverständlichen Ausdrucks »Baschik«. Im Türkischen gibt es nur ein diesem etwas ähnliches Wort, aber von hier vollends fernliegender Bedeutung ... Nun, was verschlug das schon! Den Kratki-Baschik kannte einst jeder. Er residierte im Wurstelprater, war ein Zauberer, und besaß außerdem ein Kuriositätenkabinett, wo auch allerhand in Spiritus saß, was man sonst kaum zu sehen kriegte. Heute noch sagt man zu Wien von einem irgendwie monströsen Kerl: »Der gehört ja zum Kratki-Baschik.«

Seine Schüler und Adepten im zweiten und dritten Gliede sind inzwischen zahlreich geworden, ja, mehr als das, sie haben sich enorm vermehrt, sie halten Kongresse ab und Konkurrenzen; die wenigsten arbeiten hauptberuflich auf solchem Felde, als prominente Artisten; die meisten sind Liebhaber, manche davon mit ganz bedeutenden Fertigkeiten.

Einen solchen Amateur hatte Herr Blauensteiner an der Hand – und am betreffenden Abende war denn auch alsbald das Wirtshaus »Zur Stadt Paris« bis auf den letzten Platz voll besetzt, dies um so eher, als kein Entrée verlangt ward, weil der Magier aus reiner Gefälligkeit seine Kunst zeigte. Man könnte sagen ein »Herren-Zauberer«, so, wie man etwa von Herrenfahrern spricht. Dieser hier war von Beruf ein Magistrats-Obersekretär. Übrigens ist auch die Zauberei mit ganz erheblichen Kosten verbunden – zu allem gehört Geld, und zaubern kann nicht einmal ein Zauberer – durch die Anschaffung von recht komplexen und sogar umfänglichen Apparaten. Man beobachtete, wie sie herbeigebracht wurden: Kassetten, tubenförmige Rohre; und ein Stück davon sah aus wie eine altmodische Elektrisiermaschine, mit kreisförmiger Glasscheibe und mit blanken Messingteilen.

Der Abend wurde ein großer Erfolg, nicht nur für den Wirt, auch für jenen Herrn, der dabei so liebenswürdig seine Kunst zeigte, und während der Vorführung einen angeklebten weißen Kinnbart trug. Herr Blauensteiner nannte übrigens diesen Stammgast, dessen Namen etwas schwer zu behalten war, seit jeher den »Kratki-Baschik«, denn die Neigung des Herrn Obersekretärs zur Zauberei war ihm bald bekannt geworden.

In jener nun leistete der verhältnismäßig höhere Beamte bald nach Beginn der Vorstellung derart Erstaunliches, daß man im Publikum eben zur Not mit der Gewißheit sein Auslangen fand, es müsse ja schließlich dies alles auf Geschicklichkeit und auf richtig angewandten Tricks beruhen. Jedoch geriet auch diese rationale Bedeckung des Sachverhalts durch ein paar Augenblicke beinahe zu kurz: als nämlich ein schönes, buntes Seidentaschentuch eines jungen Herrn und eine Zwanzig-Schilling-Banknote eines zweiten in einem der Apparate ganz klein zerschnitten und zerrissen wurden – beide gaben ihr Eigentum zuinnerst wirklich verloren –, um dann, unter allgemeinem Halloh, ungeheurem Applaus, und vor den Augen einiger nahe Hinzugetretener, völlig unversehrt dem Wirte aus dem dichten und vollen Haar gezogen zu werden – die Banknote nämlich – und das Tüchlein aus dem Kragen des Hemdes.

Man dankte herzlich dem Magistratsbeamten, den wahrlich verdienter Beifall lohnte. Die anregende Darbietung, während welcher auch kräftig war getrunken worden, hatte lange genug gedauert. Der Herr Obersekretär verpackte seine merkwürdigen und komplizierten Requisiten und ließ sich ein Autotaxi kommen. Bald verlief sich der große Gästeschwarm.

Am Stammtische blieben bei Wirtin und Wirt noch etliche sitzen, die wir zum Teil schon kennen, wie unser gegensätzliches Liebespaar und den Herrn Diplomingenieur Rieger. Wiedehopf, Dackel-Tochter und das Mitglied der Hofoper aus der guten alten Zeit fehlten (zum Glücke, möchten wir fast sagen, mit Hinblick auf das Folgende). Das ancien régime hatte heute auch seine goldenen Brillen nicht liegen lassen, welche zu holen es mitunter noch einmal am gleichen Abend erschien; heute hätte man zudem nicht mehr »am Abend« sagen können. Es war schon tief in der Nacht. Dennoch saß hier noch der Doktor Hugo Winkler, ein Hochschullehrer in Pension, der angeblich über siebzig Jahre haben sollte – was man von einem pensionierten Professor eigentlich auch annehmen müßte; jedoch wurde dies in Gegenwart des genannten Herren – und besonders, wenn er sprach – nicht nur unanschaulich, sondern geradezu unglaubhaft: mit seiner Dialektik und seinem Eigensinn hätte er zehn Debattenredner ersetzen können, und mit seiner Begeisterungsfähigkeit ein halbes Dutzend Gymnasiasten. Am Tische saß auch ein Schriftsteller, der Doktor Döblinger. Schriftsteller sitzen bekanntlich überall dabei. Dieser ließ sich, wie alle Literaten, ungern mit dem akademischen Grade anreden; solche Leute vermeinen ja, daß der Glanz ihres Namens ein hinreichender sei, und daß sie also des Titels keineswegs bedürften.

»Recht hat sie, ganz recht hat sie!« rief der Professor eindringlich gegen die Wirtin gewendet, die ihm hier mehr Geduld entgegenbrachte, als eigentliches Einverständnis mit seinen Ansichten, »absolut recht hat sie!« (er meinte die Tizianrote mit den Hosen). »Das Außerordentliche erst macht den Mann. Die Frau muß es von ihm fordern. Ganz Wurst, was es ist: Soll er boxen oder dichten oder zaubern. Aber außerordentlich muß es sein. Denn es geht bei jeder Leistung – nur um das Weib, nur um das Weib, um nichts anderes sonst, um durchaus nichts anderes. Andere Ideale gibt es ja gar nicht. Da kann mir einer erzählen was er will! hab ich recht, Herr Ingenieur? Das Weib steht hinter jedem Ziel, und nichts anderes!«

»Erlauben Sie mir, Herr Professor«, sagte der Doktor Döblinger mit Bedacht, »da muß ich doch einen Einwand erheben und ein Gegenargument vorbringen –«

»Gibt's nicht, gibt's nicht!« unterbrach ihn der Professor lebhaft, mit dem glatten Köpflein emporschnellend wie ein Tummler über das Wasser. »Bei mir gibt's überhaupt keine Argumente und Einwände! Hier liegt die Wahrheit auf der Hand. Man muß sie nur sehen wollen –«

Während vor solcher Dialektik der Doktor Döblinger alsbald verstummte, war deutlich zu erkennen, wie der Bräutigam und Imker (im guten und nicht ganz passenden Anzuge) noch mehr in sich zusammensank. Es muß übrigens hervorgehoben werden, wie sehr es dem Herrn Obersekretär Kratki-Baschik zur Ehre gereicht hat, daß seine Darbietungen ein Gespräch über das »Außerordentliche« und über außerordentliche Leistungen nach sich zogen! Freilich, der Professor schälte aus allem gerne das Grundsätzliche heraus. Anders Anton Rieger. Er hatte während der Vorführung scharf beobachtet, auf eine Weise, wie es eben nur ein Techniker vermag: und dabei für sich und in aller Stille drei von den Tricks genau und bis in alle Einzelheiten durchschaut und rekonstruiert. Aber er sagte nichts. Der Ingenieur Rieger sagte fast nie was.

Schon war indessen der Professor vom eben noch so apodiktisch Vorgebrachten wieder abgesprungen, und dabei ins schlechthin Dithyrambische geraten:

»Haben Sie die nicht gesehen?! Bei der Vorstellung war sie doch! Herr Ingenieur: Ich sage Ihnen, ein herrliches Weib! Das schönste Weib, das ich je erblickt habe. Am dritten Tische links –«

So weit gelangte das Gespräch. Dann wurde es ein wenig still. Der Imker kümmerte jetzt sichtlich vor sich hin und in sich hinein. Wer weiß, in was für Vorstellungsgebilden der arme Bursch herumwurmisierte! Seine Tizianrote sah ganz von ihm ab, sie gönnte ihm keinen Blick. Sie war aufgereizt worden (vielleicht mit durch des Professors Reden), sie befand sich in Fahrt, mit steil herausgehobenem Buge, um welchen es allerdings nicht wogte, sondern der Bug ihres Zukunftsschiffes wogte paradoxerweise selbst.

Durch die weit offenstehenden beiden Flügeltüren des Lokals kam keine Kühle. Die Nacht blieb heiß.

Als der erste Blitz zuckte, war noch kein Tropfen Regen gefallen, hatte kaum ein Wind sich erhoben, der hier herinnen durch irgendeine Zugluft wäre fühlbar geworden. Doch folgte der blauen Erhellung draußen fast unmittelbar ein scharfer Donnerschlag.

Mit ihm gleichzeitig betrat ein später Gast die, bis auf jene am Wirtstische Sitzenden, ganz leere vordere Stube. Es war ein wohlgekleideter Herr mit einem breiten und glatten Gesicht, in welchem – wie man alsbald sah, besonders aber, nachdem er den Hut abgenommen hatte – die Augen etwas schräg standen, unter einer sozusagen geräumigen Stirn.

Der neue Gast fragte höflich und mit leiser Stimme an, ob er trotz der späten Stunde noch irgendetwas zu essen bekommen könne, sei's auch nur ein wenig Käse und Butter. Die freundliche Wirtin kugelte flink durchs Lokal zum Büfett, und der Gast installierte sich am Nachbartische. Zu trinken verlangte er nichts als Sodawasser mit Apfelsaft.

Aber, wie es denn geht, wenn einer spät ins Wirtshaus kommt, wo nur mehr Wenige beisammensitzen: man wird da leicht einmal von Tisch zu Tisch angeredet. Das Gespräch war, von dem Punkte, wo wir es früher verlassen, mit irgendeiner zufälligen Wendung wieder zum Kratki-Baschik zurückgekehrt; dieses Thema schien nun den neuen Gast zu interessieren, wenn auch nur in beiläufiger Weise; immerhin merkte man, daß er den Wechselreden folgte, an welchen jetzt auch die Tizianrote teilnahm, die durch eine Weile den Fremden sogar mit Interesse betrachtete, nicht einmal unauffällig, muß man sagen: sie beobachtete ihn ganz offenkundig. Unversehens ward er dann ins Gespräch gezogen, und zwar durch die Wirtin selbst: sie fügte, zu dem neuen Gast gewendet, einige Erklärungen hinzu, bezüglich der Veranstaltung, die heut abend hier stattgehabt hätte – worüber man eben hier rede –, und auch über die Vorzüglichkeit der Darbietungen, welche man gesehen. Der fremde Gast, der eben sich anschickte zu antworten, wurde nun vom Wirte gefragt, ob er nicht herüben bei der Gesellschaft Platz nehmen wolle?

Jener folgte der Einladung und kam mit seinem Glase an den Tisch; die Wirtin erzählte ihm mit großer Anerkennung noch einiges von den Kunststücken des Obersekretärs. Dabei nannte sie dessen Namen und Stand.

»Ja«, sagte der Neuankömmling, »ich kenne ihn. Ein ausgezeichneter Dilettant.«

»Na – Dilettant –« meinte die Wirtin lachend, »ich wollt', ich könnt' den zwanzigsten Teil davon!«

»Ja, ja«, sagte der Fremde, »sehr gut ist er, der Blahoutek, unter den Liebhabern einer der allerbesten.«

»Ist der Herr vielleicht von dieser Branche?« fragte der junge Wirt jetzt lebhaft.

»Ja, ja«, antwortete der Fremde.

»Und worin besteht also der Unterschied, wenn ich fragen darf, ich meine, die entscheidende Differenz gegenüber einem Liebhaber wie der Herr Obersekretär Blahoutek?«

»Na ja – die Dilettanten bieten oft ganz hervorragende Tricks, sogar selbstgeschaffene, aber natürlich fehlt ihnen die technische Spitzen-Ausbildung, das eigentliche Können.«

»Hm. Der Herr ist selber Artist?«

»Ja«, sagte der fremde Gast.

»Schad', daß der Herr Obersekretär seine ganzen Apparate mitgenommen hat!« rief der Wirt lustig, »sonst täten wir uns jetzt so was ausleihen, und der Herr wär' vielleicht so liebenswürdig, uns eine schöne Zauberei zu zeigen!«

»Dazu braucht man nicht immer Apparate«, sagte der Fremde beiläufig und gleichgültigen Tons.

»Kommen Sie jetzt von woanders her, aus einem anderen Lokal hier in der Nähe?« fragte Frau Elly liebenswürdig.

»Nein«, sagte der Gast. »Ich war bis jetzt allein zu Hause.«

»Aber!« rief die Wirtin, »und da sind Sie um elf Uhr erst ausgegangen?!«

»Ja«, antwortete er. Dem Doktor Döblinger aber ging nunmehr ein Licht auf – und zwar durch die Nase (sie gehört bei Schriftstellern zum Geschäft und hat eine technische Spitzenausbildung). Mit dem Augenblicke, da der Fremde beim Tische Platz genommen hatte, war dem Autor plötzlich mit einer Lebhaftigkeit, die sich geradezu aufzwang, ja, mit einer Art von feiner schneidender Sehnsucht, seine stille leere Wohnung hier in der Nähe vor das innere Auge getreten: die wegen Mottengefahr dicht eingehüllten Fauteuils und ein großer spiegelnder Garderobeschrank, der fugenlos schloß, und worin sich die Teppiche befanden: doch wehte von daher dann und wann der strich-zarte Geist von Kampfer und Naphthalin in die verhältnismäßige Kühle des Raums.

Nun ja, es war Hochsommer.

Allenthalben hing dieser Duft in den Wohnungen, die sich tief nach innen, und von der lauten und heißen Straße abgekehrt hatten. Es war fast so, als wollte solcher Duft eine Art Heilsbotschaft der Abgekehrtheit zart vermitteln, noch tiefer hinein einladend.

Auch dieser Fremde kam aus solch einer einsamen Wohnung. Man roch diese Einsamkeit.

Inzwischen hatt' es zwei- oder dreimal geblitzt und gedonnert, wenn auch schwächer als beim ersten Male; und nun erst rauschte ein kurzer Regen herab, dessen Plätschern bald wieder schwieg. Doch trat von der Gasse die Kühle herein.

Franz Blauensteiner, der Wirt, ließ nicht leicht einen Vorsatz fahren; und heut' wollt' er nun einmal sehen, ob der fremde Artist den Obersekretär zu überbieten imstande wäre – noch dazu ohne Apparaturen. So fragte er ihn denn, was er benötige, um ein Kunststück zu zeigen? »Am ehesten werden Sie wohl ein paar alte Spielkarten haben, und eine Handvoll Nägel, etwa sechs bis acht Drahtstifte genügen. Die Karten können ganz alte und schmutzige sein, das wäre besser, denn sie fallen dann alle auf den Boden.«

Der Wirt brachte beides. Die Aufmerksamkeit war nun ganz hochgespannt. Der Fremde, welcher gegen das Ende des Tisches zu saß, und nicht sehr weit von der holzgetäfelten Wand, reichte der Wirtin und dem Wirte die alten Spielkarten mit der beiläufigen Bitte, sie möchten insgeheim eine davon erwählen, diese sich fest merken, jedoch im Spiele belassen, und das ganze Päckchen vor ihn auf den Tisch legen.

Nachdem dies geschehen war, und der fremde Gast zwischendurch seine bescheidene Zeche bezahlt hatte, ergriff jener mit der linken Hand die Nägel, mit der rechten die Karten, und warf oder hieb beides gleichzeitig gegen die Holztäfelung der Wand. Der Kartenschwarm fiel und glitt überallhin, auf den Tisch, auf die Knie der Sitzenden, auf den Boden, und zugleich hörte man die herabgestreuten Nägel klappern. Im nächsten Augenblicke stieß die Wirtin einen Schrei aus: an der Wand, gerade ihr gegenüber, hing, von einem Nagel durchbohrt und mit der Bildseite gegen den Raum, die von ihr im Einvernehmen mit ihrem Gatten gewählte Karte: es war eine Pique-Zehn. Niemand sprach ein Wort. Der Fremde lächelte freundlich, erhob sich, nahm den Hut und verließ nach einer leichten Verbeugung das Lokal. Die Tizianrote, jetzt mit aufgerissenen Augen und hohlem Kreuze sitzend, wogte ihm geradezu nach, auch als er schon verschwunden war.

Jedoch geschah eine halbe Minute später nach des Fremden Abgang noch viel Überraschenderes. Der Imker, aus dumpfem Brüten auffahrend, rannte gleichfalls hinaus. Seinen Hut ließ er hängen.

Wir erfuhren später von ihm selbst, daß es ihm damals wirklich gelungen war, den Fremden auf der Straße im letzten Augenblicke vor dessen Verschwinden noch zu erspähen und laufend einzuholen; auch, was ihm jener auf seine stammelnde Anrede kurz entgegnet hatte, nämlich dies: »Junger Herr. Die großen Künste lernt man nicht zu irgendeinem Zwecke; schon gar nicht, um ein Mädel herumzukriegen; der Zweck tötet die Kunst. Das merke Er sich.«

Nun, vorläufig saßen wir hier noch beisammen, ohne den Künstler und ohne den Imker, dessen Rückkehr allerdings jedermann für sogleich erwartete. Jedoch, er blieb aus. Bereits meldeten sich die ersten Vermutungen, ja, sogar schon Tröstungen oder eigentlich Besänftigungen an die Adresse der Tizianroten, welche deutliche Zeichen jener Wut zeigte, die uns leicht packen kann, wenn wir von den feinen aber ganz unerbittlichen Grenzen unserer Macht abprallen. »Natürlich kommt er«, sagte der Professor, »er wird gleich da sein.« Nun, gar so natürlich ging's eben doch nicht zu. Allmählich begann die Sache das Übergewicht zu bekommen, und drohte, in eine Blamage für die Tizianrote abzustürzen (der Ingenieur Rieger bekam, wie immer, wenn irgendwer anderer in eine peinliche Lage geriet, dunkle traurige Augen). Da läutete, kurz nach des Professors Worten, das Telephon. »Er wird es sein«, sagte Dr. Winkler. Der Wirt ging zum Apparat. Er war's. Die Tizianrote verschwand in der Zelle. Während ihres längeren Gespräches sagte niemand was; es war, als hinge alles an einem Haar, mit eingeschlossen des Professors Lehrmeinung über den natürlichen Verlauf der menschlichen Dinge. Das Gespräch dauerte allzu lange. Endlich kam sie hervor. Niemand entging ihre Blässe, niemand auch, daß sie jetzt gar nicht hübsch war, und überhaupt anders aussah, als eben vorhin noch. Sie wogte nicht. Jedoch ihre Wut zersprengte jetzt das Korsett des Prestiges, sie brach vor aller Augen entzwei. »Was sagt man?!« rief sie – noch bei der Zelle, noch war sie gar nicht zum Tische zurückgekehrt –, »dieser Idiot hat die Frechheit mir zu sagen, daß er mich nie mehr sehen, nie mehr mit mir was zu tun haben will!!« Selbst dem Professor blieben jetzt die Tröstungen (die ja immerhin noch denkbar gewesen wären) im Halse stecken, und er versank mit glattem Köpflein schweigend unter die Oberfläche des Gesprächs. Die Tizianrote ließ den Hut ihres Bräutigams hängen, und es war, als sie ging, mehr ein Ab-Brechen von dieser Gesellschaft (in welcher sie auch nie mehr erschienen ist), als ein Abschied. Der Wirt versuchte danach wieder, und noch immer vergebens, mit der Hand jenen Nagel aus der Täfelung zu ziehen, daran die Pique-Zehn hing: allen war diese Karte an der Wand unangenehm. Blauensteiner holte schließlich eine kleine Zange. Mit der ging's. »Recht geschieht ihr«, sagte Frau Elly nach der Tizianroten Abgang. »Der kommt schon wieder zu ihr zurück«, wiederholte der Professor, doch blieb er in der Versenkung. »Der kommt nie mehr zu ihr zurück«, entgegnete Rieger. Zwar sprach er rar, doch sprach er wahr.

In den nächsten Tagen wurde jener Pique-Zehner an der Wand – der irgendetwas von einem Menetekel an sich gehabt haben mußte, und nur deshalb wohl kam man so oft darauf zurück –, jener Pique-Zehner also wurde gänzlich zerredet. Es geht mit den großen Künsten nun einmal nicht anders; man muß mit den kleinen Kiefern so lange an ihnen herumsägen, bis sie wieder zerfallen und hinweg erklärt sind; es ist hier, wenn auch in miniaturem Maßstab, wie bei einem Wunder. Die Künste und Wunder können im Leben nicht bleiben, sie würden ganz unerträglich, und am Ende zum hartgeronnenen Patzen eines Jenseits im Diesseits, der alles erdrückte. Hier nun, spät in der Nacht, und nachdem endlich diese verdammte Spielkarte von der Wand verschwunden war, sah der Wirt Franz Blauensteiner lange schweigend vor sich auf den Tisch, um endlich zu äußern: »Das war freilich ein – ein anderer Kratki-Baschik.«

Zwei Lügen
oder Eine antikische Tragödie auf dem Dorfe

1.
Der Fremde

Der Kleinbauer Stacho saß mit seinem Weib und dem jüngeren Sohne Mirko bei Tische. Man hatte eben zur Nacht gegessen. Durch das kleine Fenster, vor dem sich Mirko's plattnasiges Gesicht abhob, schien das letzte Abendrot zugleich mit dem ersten Stern. Die zwei Männer und das mächtig grobknochige Weib schwiegen und stocherten noch ihre Zähne aus, als draußen Schritte vernehmbar wurden, eine vorübergehende Verdunklung sich vor das Fenster schob und gleich danach in höflich maßvoller Weise an die Türe gepocht ward. Jemand rief das »Herein!« Über die Schwelle trat, sich bückend, ein bärtiger Mann, dem Wanderschaft und das von auswärts Kommen sogleich angesehen werden mußten. Nicht nur, daß er einen Reisesack auf dem Rücken, eine Art Brustbeutel umgehängt und einen Stock in der Hand trug, und daß seine Halbstiefel bestaubt waren: Gesicht, Gruß, Sprache und Geruch gehörten, wie es schien, einer anderen Menschenfamilie an, als die war, welche das kleine Dorf hier ausmachte.

Des Fremden Begehr war Speise und Nachtlager gegen angemessene Bezahlung. Man wurde einig, und er legte das Geld auf den Tisch. Die Bäurin trug seine Habe, Quersack und Brotbeutel, die er beide sogleich vertrauensselig dem Weib übergab, nach rückwärts in die Schlafstube, richtete ein Lager und stieg durch die Falltür in den Keller, um einen Steinkrug voll Milch heraufzuholen. Während der Gast dann die Suppe löffelte und mit den Hausleuten sprach, erschien sie nach einer Weile in der rückwärtigen Tür, die gegen Hof und Stall sich öffnete, und rief ihren Mann hinaus.

Der Bauer trat auf den Hof. Die Frau zog ihn ein Stück weiter mit sich fort, bis unter den Querbaum des Schuppens. »Was soll's denn, Alte?« fragte Stacho. Es war fast dunkel geworden, aber im letzten Scheine des Sommerabends konnte er doch die Erregung bemerken, in welcher sich sein Weib befand, um so eher, als sie ihr Antlitz dicht vor das seine hielt. Die Augen funkelten im Halblicht. »Du willst also heute abend das Wäldchen verkaufen und der Holzhändler wartet wohl schon im Dorfkrug. Du mußt es nicht tun. Ich weiß was besseres. Du hast nicht mehr nötig, das Wäldchen zu verkaufen.«

»Heut', oder es geht übers Jahr erst«, sagte der Bauer, »du weißt, daß dieser Mensch einmal des Jahres nur daherkommt, und da heißt es, den Kauf abschließen. Das will überlegt sein. Was soll mir das Holz.«

Sie schwiegen. Die Bäurin atmete heftig. »Der Beutel«, sagte sie endlich, »war so schwer. Ich sah hinein. Unten ist Gold. Zwei Pfund fast. Eine Art Stangen, und anderes.«

Der Bauer trat zurück. »Nun, und was nützt mir das?«

»Das nützt dir nur«, antwortete sein Weib nach einer Weile, »wenn dieser Kerl sich nicht sonst schon im Dorfe umgetan hat, sondern von der Straße geradewegs zu uns, als in's erste Haus, eingetreten ist.«

»Daß dich der ...« knurrte Stacho, »aber du, hüte dich!« Er wandte sich kurz um, ging über den schon ganz dunklen Hof und trat wieder in die Stube. Die Frau hatte ihn zurückzuhalten versucht; nun, da es nicht gelang, folgte sie ihm auf dem Fuße. Sie saßen am Tische nieder.

»Woher kommt Ihr?« fragte die Bäurin den Fremden. Dieser nannte einen tagmarsch-weit entfernten Ort. »Und seid in unsere Kate zum Schlafen gegangen! Hättet auch Besseres finden können. Vielleicht im Krug. Habt Ihr Euch schon umgesehen im Dorfe?«

»Nein«, sagte der Gast und lachte seltsam in sich hinein. »War müde wie ein Hund und trat von der Straße in's erste Haus. Bin's ganz zufrieden bei euch.« Er streckte sich behaglich im Sessel, gähnte und seine Augen wurden bald klein vor Schläfrigkeit.

»Es wird Zeit für den Krug«, sagte die Frau zu Stacho. Der Bauer hob den Kopf und sah sie mit leicht gerunzelter Stirne an. Dann glitt sein Blick zu dem Sohne Mirko hinüber, der dösend auf seinem Platz hockte, jetzt aber den Kopf hob, da ihn der Fremde ansprach: »Und Ihr? Geht in Taglohn? – Nun ja, in Eurem Alter, freilich. Wie Euch der Junge gleicht, Frau! Aus dem Gesicht gerissen, wie man zu sagen pflegt. Hab' so etwas selten noch gesehen. Euer einziges Kind?«

»Ja«, antwortete der Bauer für seine Frau. »Der Ältere ist im Krieg geblieben, das will sagen, sie haben ihn gefangen, und aus Sibirien haben wir später nichts mehr von ihm gehört. Das sind nun bald 18 Jahre. Wär' heute 36, der Bub.« Sie schwiegen. »Ihr trinkt doch ein Schnäpschen«, sagte die Bäurin zu dem Gast. »Ei freilich, gern«, meinte dieser, und betrachtete nicht ohne Wohlgefallen das große Glas voll Kartoffelbrand, welches die Alte vor ihn hinstellte. »Ich danke Euch«, sagte er, nahm einen mundvollen Schluck, schüttelte sich und gähnte wieder. »Muß bald zur Ruh, Leute, verzeiht, heut' sinds an die acht Stunden, die ich gegangen bin.« »Ich geh' in den Krug«, sagte der Bauer endlich, nahm die Kappe vom Nagel, zögerte ein wenig unter der Türe, und ging schließlich.

2.
Der Vater

Im Krug saßen an diesem Abend viele Bauern, die zum Teil den Holzhändler erwartet hatten, welcher aber ausgeblieben war. Als Stacho in den Schankraum eintrat, hoben sich aus dem Gewirre der Stimmen sogleich die laut gerufenen Worte des Wirtes: »Da ist er ja!« und der Schankwirt wies, hinter der Theke stehend und eine Flasche in der einen Hand, mit der anderen gereckten Zeigefingers auf Stacho. Diesem aber wandten sich nun fast alle Blicke entgegen, man stand zum Teile auf, gehobene Gläser wurden wieder auf die Tischplatte gesetzt, und ein ganzer Schwarm von Menschen kam auf den verdutzten Kleinbauern zu, der sich alsbald von einem Kreise umgeben sah, durch welchen der Wirt sich recht mühsam mit einem vollen Schnapsglase durchdrängte. »Wohl bekomms!« sagte er zu Stacho, »meinen Glückwunsch. Und für heut abend seid Ihr mein Gast, Alter.«

Stacho, dermaßen überrannt, glotzte den Wirt an, der ihm das Glas in die Hand gedrückt hatte, sah dann rundum, fuhr mit der freien Hand in den Bart, brachte aber am Ende nichts weiter heraus, als sein gewöhnliches »Was soll's?« Da aber die Umstehenden nun ihrerseits noch viel verdutzter dreinschauten als Stacho, ja mit einem Staunen, welches schon an Empörung grenzte, fiel ihm, soviel Unbegreiflichem gegenüber, nichts weiter ein als die Frage nach dem Holzhändler, ob der wohl gekommen sei oder etwa noch kommen würde?

Da schlug sich jemand klatschend auf den Schenkel. Der Holzhändler!? Nein, der sei nicht gekommen heut abend, aber Stacho's leiblicher Sohn sei heimgekehrt und sei hier im Wirtshaus gewesen und sie hätten mit ihm gesprochen –

Es tröpfelte erst, dann aber rann ein gleichmäßiger, dünner Faden Branntwein aus dem schiefgehaltenen Glase Stacho's zu Boden. Jemand nahm es ihm rasch aus der Hand, »Gebt Raum da«, rief man und führte den Alten zu einer der Bänke um den Wirtstisch.

Stacho hockte zusammengeknickt. Man nötigte ihn, zu trinken. »Brüder«, sagte er nach einer Weile dumpfen Brütens, während ein Schmerz sein Gesicht zu verziehen schien, »warum aber ist der Junge nicht zu mir gekommen? Weiß er denn nicht, daß seine Eltern noch leben? Denkt er nicht, daß sein alter Vater als Erster ihn hätte wiedersehen müssen? Brüder«, sagte er und hob den

Kopf, »das ist bitter. Denn bei uns war – niemand.« Diese letzten Worte sprach er betont aus und schleppend langsam, als kosteten sie viele und große Kraft.

Ein allgemeiner Sturm von beschwichtigenden und erklärenden Reden erhob sich. Das dürfe er gar nicht so nehmen, hieß es, durchaus nicht. Sie hätten ihm freilich gesagt, dem Janko, daß die Eltern bei Leben und Gesundheit seien. »Jedoch, verzeih«, meinte der Wirt, »der Jüngste bist du auch nicht mehr, Stacho, und wir rieten ihm sehr ab, dich und die Mutter zu erschrecken. Also blieb er noch ein wenig hier und länger, da beredeten wir's hin und her. Meinte jemand, man soll einen Boten schicken – aber das hat er nicht haben wollen, der Janko, nicht um alles, wollte durchaus sehen, ob ihr ihn ganz von selbst würdet wieder erkennen, trotz des großen Bartes, mußt du wissen, denn den hat er –«

»Und ihr da, ihr habt ihn erkannt?« fragte der Kleinbauer und sah den Wirt mit Spannung von unten an.

»Nein, von uns keiner«, rief dieser. »Aber da war die alte Mutter Dablenka im Krug, die jeden von uns hier noch als Kind an den Pfützen hat spielen gesehen. Nun, die hat geschrien: bei allen Heiligen, das ist – freilich kamen wir dann auch dahinter, und er hat sich uns entdeckt.«

»Und ist nicht zu den Eltern gekommen«, brummte Stacho.

»Nein, so versteh doch, Alter: wir warens, die ihm abrieten, und sagten ihm, das sei besser auf den morgenden hellen Vormittag zu verschieben, da er denn durchaus ohne irgendwelche Anmeldung zu euch wollte. Jeder von uns hätte ihm doch gerne Quartier gegeben für die Nacht, aber er hat nicht wollen, dein Bub, und ist am Ende gegangen, jedoch immer noch unschlüssig. Nun werden ihm am Wege vielleicht die Bedenken gekommen sein und so schläft er wohl jetzt ruhig mit Sack und Pack irgendwo im Heu, und morgen hast du ihn. Wir dachten ja schon, euch heimlich einen Boten zu schicken, und eben als du eintratest, war davon die Rede. Immerhin aber sinds mehr als zwei Stunden, seit uns Janko verlassen hat, und so meinten wir eben jetzt, er sei am Ende wohl geradenwegs nach Hause gegangen und längst bei euch. Zudem, er war recht müde, und ist auch hier einmal eingenickt.«

»Wie sieht er denn aus, der Janko?« fragte der Bauer, dessen tiefliegende Augen ein wenig schwammen. Er kippte gleich nach dieser Frage ein Glas Branntwein. Der Wirt antwortete weitschweifig, und sagte zunächst, daß Janko sehr ordentlich aussehe und nicht im mindesten abgerissen, daß er feste Schaftstiefel trage, und übrigens habe er ihn selbst, in aller Bescheidenheit, sagen gehört, daß er den Eltern ein schönes Stück Geld in's Haus bringe, das wohl reichen würde, mancherlei noch anzuschaffen, und auch auf den Erwerb von ein paar Wiesen und Äckern oder Vieh. »Ist überhaupt ein ordentlicher Mensch geworden, der Bub«, schloß er, »und man kann dir Glück wünschen, Stacho.«

Während die Bauern das Ding nun allgemein beschwatzten, wobei es freilich auch hieß, daß so mancher in diesem Sibirien und Rußland und in diesen ganzen Teufels-Kriegen dort drüben über Nacht zu Geld und Gut gekommen sei, da wäre oft besser, nicht zu fragen wie – unter solchem Gerede befiel den Stacho ein heftiges Zittern am ganzen Leibe, und als er jetzt eilends Abschied nahm, und zu verstehen gab, wie dringend es ihm mit der Heimkehr sei, da hatte er im Abgehen aller Blicke teilnehmend auf seinen Rücken versammelt. Draußen auf der Dorfstraße aber, als die letzten Grußworte verhallten und die erleuchtete Türe zum Krug sich wieder geschlossen hatte, fiel seine Verstellung wie eine Last von ihm und er eilte, so gut es seine alten Knochen erlaubten, keuchend in der Dunkelheit vorwärts.

3.
Ein Weg im Dunklen

Schon nach wenigen Minuten lag um seine Stirn ein Kranz kalter Schweißperlen. Er versuchte zu laufen, jedoch der Boden hielt ihn mit saugender Schwere fest, wie es in bösen Träumen oft zu gehen pflegt. An den Hügelkämmen stand der Saum der Wälder schwarz und geduckt, und gerade angesichts dieser entfernteren ruhenden Punkte wurde es Stacho deutlich, wie langsam er vorwärts kam mit seinen Schritten. Endlich hatte er die geschlossene Dorfzeile hinter sich und die Häuser standen nunmehr einzelweis. Jedoch sein kleiner Hof lag weit draußen, gleichsam vorgestreut in die Landschaft, und schon jenseits einer sanfteren Hügelwelle, über welche die Wagengeleise der Straße, die er jetzt hinaneilte, hinwegzogen.

Am Kamme oben hielt er tiefatmend die Schritte an. Voraus, im Dunklen, lag sein Hof und Heim. Der Gedanke, daß dort Furchtbares geschehen könne, ja vielleicht schon geschehen sei oder sich in eben diesem Augenblick ereignete, war so wahnwitzig wie wahrscheinlich, war für sein Hirn kaum zu fassen und hatte doch den einfachen Verstand zum Anwalte. Er hob die Augen empor. Gegen den Himmel standen am Rande des Gesichtskreises drei Pappeln aufgereckt. Über ihnen schimmerte ein Stern, nah und hell. Er fuhr zusammen, schlug ein Kreuz und stürzte sich wieder in die Eile. Seine Vorstellung war erfüllt von einem einzigen Bild: er sah das Gesicht seines Weibes vor sich, wie sie ihn gemahnt hatte, endlich in den Krug zu gehen.

Sein Haus lag dunkel, das erfaßte er von weitem als erstes und als eine undeutliche Hoffnung. Das schlafende Haus erschien ihm weniger böse, als wenn es mit einem noch leuchtenden Auge in der Landschaft gewacht hätte. Wenige Schritte von der Türe entfernt bemerkte er das Fehlen des Schlüssels in seiner Tasche. Er pochte. Man rief fragend von innen, er gab sich zu erkennen, und die Türe ward geöffnet.

4.
Die Stunde des Zorns

Die vordere Stube war hell, nur hatte man den Laden geschlossen. Am Tische unter der Lampe saßen das Weib und der jüngere Sohn, welcher sich sogleich nach dem Öffnen der Türe wieder dort niedergelassen hatte. Auf dem Tische lag Neues und Furchtbares: das Gold. In kleinen Säulen, die aus übereinandergelegten Münzen gebildet waren, teils auch in sauber aufgelegten Reihen solcher Stücke, die wohl das Zählen erleichtern sollten; denn damit waren Mutter und Sohn beschäftigt. Das Gold zerriß die Stube, man könnte sagen, in der Art einer immerwährend platzenden Granate, wenn es dergleichen gäbe.

Der Bauer schloß die Türe hinter sich und blieb stehen. Mirko zog sich ein klein wenig zusammen, in der Art, wie sich eine Katze duckt. Die Bäurin sah ihren Mann ruhig an.

»Ihr habt...?« sagte dieser endlich, denn zu mehr langte sein Atem nicht, und wies mit langsam sich erhebendem Arm auf die Türe der Schlafkammer.

»Ja«, sagte das Weib hart und kurz. Stacho trat einen Schritt auf sie zu. Sein Kinn schnellte vor und beide Fäuste ballten sich wie in einem kurzen Krampf. »Schiebe den Riegel wieder zu«, sagte jetzt die Frau mit unerschütterter Ruhe. Der Mann gehorchte seltsamerweise sogleich, aber während er sich zur Türe gewandt hielt, mußte wohl jene Veränderung mit ihm vorgegangen sein, die nun sogleich Mutter und Sohn wie etwas Gefährliches und Fremdartiges antrat, ja bezwang und in ihren Bann schlug.

Stacho war nunmehr vollkommen ruhig. »Mach' Licht drinnen«, sagte er befehlend zu dem Sohne. Dieser erhob sich schwerfällig und verschwand im Schlafraum seiner Eltern. Als die Kerze brannte, trat ihm der Vater nach. Man hörte dort drinnen nichts weiter, als wenige gewechselte Worte zwischen Vater und Sohn:

»Wer war es? Du allein?«

»Nein. Die Mutter und ich. Er schlief.«

Der Bauer trat wieder heraus. »Räum' den Tisch frei, und stell' den zweiten aus der Küche dazu, gerade unter die Lampe. Verstanden?« Sie hatte wohl verstanden, und tat wie ihr befohlen war. Das Gold verschwand klimpernd im Brotsack, der nahebei auf einem niederen Spinde lag. Als die Bäurin aber an Stacho vorbei zur Küche ging, war von ihr deutlich ein Knurren zu hören, das für einen Menschenton wahrhaft verwunderlich klang. Stacho trat zu dem Sohn in den rückwärtigen Raum. »Pack' an«, sagte er kurz. »Wir tragen ihn nach vorne.«

Sie schleppten den Toten heraus und legten ihn auf die beiden Tische unter dem Licht. Der Kopf des Leichnams fiel zurück, der Bart stand starr und struppig empor. Das Gesicht war blau und verzerrt, und selbst für den jetzt wissenden Vater wenig kenntlich. Der Bauer zog das Sackmesser und schnitt den Strick durch, mit welchem man seinen Älteren erwürgt hatte. Die Spur am Halse war tief eingerissen und an einer Stelle blutig. Die Bäurin stand ohne ein Wort zu reden im Hintergrund des Zimmers und sah finster auf ihren Mann.

Dieser begann den Leichnam zu entkleiden, und Mirko ward durch einen Wink zur Hilfe herzugerufen. Sie hoben, zogen, rückten. Ein Arm fiel aus dem Jackenärmel mit starkem Schlag auf die Tischplatte. Die Stiefel herunter zu zerren war keine geringe Plage. Stacho durchsuchte die Kleider, fand einige Papiere, und da er die cyrillische Schrift zur Not hatte lesen gelernt, so wurde ihm jetzt, durch den russischen Ausweis hier in seiner Hand, hintennach noch sozusagen behördlich bestätigt, wer da auf den Tischen aufgebahrt lag, nackt, wie ihn seine Mutter einst geboren hatte. Der Bauer steckte die Papiere ein, rief den jüngeren Sohn wieder zur Hilfe herbei und befahl, den toten Mann zu wenden und auf die Brust zu legen, so daß der Rücken nach oben käme. Dann schickte er Mirko um Wasser, Seife, ein Tuch und ein frisches Sonntagshemd.

Die Bäurin, unterdessen unbeweglich verweilend, verblieb im dunklen Hintergrunde der Stube. Stacho war über den Leichnam gebeugt. Als Mirko den Raum verlassen hatte, richtete sich der Vater auf und bat sein Weib mit ruhiger Stimme, nahe heranzutreten.

Am Tische aber und bei dem Toten erwartete sie nichts als ein zeigend ausgestreckter Finger und eine wortlose Stille. Der Finger zeigte auf drei runde braune Flecken am Rücken des Leichnams, oberhalb der rechten Hüfte, die so zueinander lagen, daß dieses Muttermal ziemlich genau die Form eines gleichseitigen Dreiecks ergab, eine Figur, die jetzt wie für alle Ewigkeit eingespannt erschien zwischen des Vaters zeigender Hand, der Mutter starrem Blick und dem hellen Schein der Lampe von oben. Eben als Mirko wieder das Zimmer betrat, fiel seine Mutter in die Knie, aber nicht wie jemand, der sich beugt, sondern sie rumpelte in sich zusammen und zu Boden, nicht anders wie ein Sack Holzscheiter, den man auf den Estrich entleert. Der Bauer warf ihr die Papiere vor die Füße, und sie tastete lange danach mit Händen, die der Lenkung nicht mehr gehorchen wollten, und bis sie ein Blatt vor die Augen brachte, verging eine ganz geraume Weile.

Mirko, der, mit den verlangten Gegenständen im Arme, nun wieder unter der Türe erschienen war und dort unschlüssig stand, ward von dem Vater herangewunken. Auch dies geschah in aller Ruhe, und der Kleinbauer Stacho gehabte sich ganz wie einer, der nur ein Amt verrichtet, bei dem die Genauigkeit der Erfüllung alles, die etwaige Gemütsbewegung des Trägers aber nichts ist. »Mirko«, sagte er, »du weißt nicht, wer dieser tote Mann ist, welcher hier nackt auf den Tischen liegt?« Der Bursche antwortete nicht, auf seinem Gesicht lag eine Furcht, die sehr groß sein mußte, denn sie hatte seine Augen zu glanzlosen Kugeln gemacht, in welchen das Leben erstorben war, in denen kaum mehr das Licht von außen sich spiegeln wollte. »Dieser Mann ist dein Bruder. Hier deine Mutter muß es am besten wissen, sollte ein Mensch glauben.« Und zur Bäurin: »Waschet jetzt den Leichnam, bettet ihn drinnen. Ich trete auf den Hof und erwarte dich dort, Frau«, sagte er und ging.

Als die Bäurin eine halbe Stunde später hinauskam, fand sie ihren Mann wartend im Scheine einer Stall-Laterne, welche am Querbaum des Schuppens hing, neben einem festgeknoteten Strick mit Schlinge. Darunter stand ein dreibeiniger Melkschemel. Stacho sah sein Weib an, in deren Antlitz es schon auf solche Art zuging, als schüttelte man da drinnen schwere Steine durcheinander. Er wies dann mit einer kurzen Bewegung des Kopfes auf die getroffene Vorbereitung, und ging schweigend ins Haus.

In der Stube saß Mirko zusammengekrümmt an dem jetzt wieder leeren Tische. Nebenan hatten sie Janko im Bette aufgebahrt. Zwei Kerzen brannten. Der Tote hielt in den gefalteten Händen auf der Brust das Kreuz.

5.
Gerichtstag

Durch eine lange Zeit blieb alles wie von der sich ausbreitenden Stille verschluckt, ja jedes Geschehen schien für immer beendet. Der Vater lag regungslos auf den Knien neben dem Totenbett.

Ob Mirko durch irgendein wirklich vernehmbares Geräusch aufgeschreckt worden war, ist ungewiß, er stand jedenfalls, die gleichsam erloschenen Augen auf den Vater gerichtet, plötzlich in der Kammer und rief:

»Wo ist die Mutter?«

»Auf dem Hofe«, antwortete Stacho und Mirko ging. Stacho hörte die Schritte draußen, und dann, nach einer kurzen Stille, kehrten sie, in wilde Sprünge verwandelt, zurück. Brüllend, mit hoch erhobenen Fäusten, warf sich der Sohn auf den Vater.

Aber jene Gewalt, die dem hier und jetzt mit seinem Amte ausgestatteten Rächer eignete, war noch nicht erschöpft. Allerdings geriet der Stoß vor die Brust derb, mit welchem der tobende Junge zurückgeschleudert wurde, nicht aber war dieser Hieb allein die Ursache seines jämmerlichen Zusammenbrechens. Mirko saß wieder beim Tische. Er winselte. In der Mitte des Raumes stand sein Vater, dem das Atmen jetzt Mühe machte.

»Du wirst«, sagte Stacho nach einer Weile laut und langsam, »jetzt unters Dach in deine Kammer gehen und dich schlafen legen. Du wirst jedem Menschen, der dich jemals fragen sollte, sagen, daß du in das Bett stiegst, noch bevor irgendwer da hierher kam. Du hast mit allem diesem nichts zu schaffen. Hast du's gehört?«

»Ja, gehört«, sagte Mirko, und von einer ebenso plötzlichen, wie seltsamen Behendigkeit belebt, huschte er krummen Rückens aus der Stube und die schmale, knarrende Holztreppe empor. Gleich danach hörte man seine Kammertüre fallen.

Der Vater löschte die Lichter; im Hof, wo ihn nichts rührte, was er sah, im rückwärts gelegenen Raum, wo er den toten Sohn noch einmal küßte, und vorne in der Stube die Lampe über dem wieder leeren Tisch. Dann verschloß er sein Haus und ging. Denselben Weg in den Krug, den er vor nicht langer Zeit in umgekehrter Richtung zurückgelegt hatte, und als ein keuchendes Emporsteigen auf der Stufenleiter von Furcht und Grauen: diese stieg er jetzt gleichsam wieder hinab, von der äußersten erreichten Staffel her wieder sinkend, und in eine Ruhe hinein, wo der Mensch wohl weiß, was ihm zu tun obliegt. Die Nacht war warm und dunkel.

Im Kruge saß man noch beisammen; wenn's auch nur mehr wenige waren, sie genügten wohl als die Vertreter aller, bei dem, was zu tun übrigblieb. Er sagte – in das wie ein Trichter sich öffnende Erstaunen hinein, welches hier sein Wieder-Erscheinen schuf – er sagte, und alle hörten gespannt und aufmerksam zu:

»Brüder, mein Janko ist wirklich heimgekehrt. Jedoch ist er nicht mehr am Leben. Mein Weib und ich, vom Teufel und dem Anblick des Goldes um den Verstand gebracht, das er, und weit mehr noch als ihr schon erzähltet, wirklich aus der Fremde mit sich geschleppt hat, haben ihn ermordet. Ich *log* beim ersten Male, als ich sagte, es sei niemand bei uns gewesen. Wohl war er bei uns, aber die Mutter erkannte nicht ihr eigenes Kind und von euch erst erfuhr ich, was wir schon *getan* hatten. Sie hat sich erhängt, als ich die Wahrheit nach Hause brachte. Mich aber werdet ihr den Gendarmen übergeben.«

Wie stürzender Schotter prasselten die Fragen, als der Hohlraum des Entsetzens sich wieder mit Leben zu füllen begann. Stacho antwortete, nicht ohne Einzelheiten, nach kurzer Zeit schon war jeder Zweifel der Zuhörer erschlagen. Und an diesem Punkte angelangt, fügte er hinzu:

»Mein Weib findet ihr am Querbaum im Schuppen. Nehmt euch des Jungen an, der jetzt wohl noch in seiner Kammer unterm Dache schläft, nicht ahnt, wer da kam, und was da unter ihm geschah. Schont ihn, wenn ihr's ihm sagt. Und sagt ihm auch, er soll die Kate verkaufen und über Land gehen. Amen«, fügte er hinzu und griff nach dem Schnaps, den man ihm reichen wollte. Indessen blieb dieser ungetrunken. Der Alte fiel, als sei mit der glücklich vollbrachten zweiten Lüge sowohl die Sühne der ersten und das Amt dieses Abends, als auch der Zweck seines letzten Restchens von Leben erfüllt, über den Tisch, schlug mit der Stirn auf die Platte, und als sie ihn aufrichteten, hatte auch das Herz seine Arbeit glücklich und für immer vollendet.

Das letzte Abenteuer
Ein »Ritter-Roman«

1.

Der Morgen, welcher über einem waldigen Sattel aufzog, legte seine wechselnden Farben an den wolkenlosen Himmel glatt und rein wie Lack. Ein stumpfer Felskegel, rechts vom Sonnenaufgange unvermittelt aus den Wäldern starrend, behauchte sich späterhin mit blasser rosiger Fleischfarbe.

Jetzt aber war der Osten noch grünlich, und hier am Waldrande unter den riesenhaften Bäumen lagerte dicht die Dunkelheit. Aus ihr sprang ein Flämmchen, knisterte, wuchs, und nun sah man einen Mann an dem wieder zum Leben erweckten Feuer hantieren. Die Pferde stampften rückwärts. Da jetzt der Kessel hing, von den Flammen umspielt, bewegte sich der Mann mit dunklem, schwankendem Umrisse zum Waldrand und sah nach den Tieren.

Auch sonst wurde es unter den Bäumen lebendig.

Man wickelte sich aus Decken und Pelzen, worin man halbbekleidet gelegen hatte, und sprang auf die Beine. Zunächst Gauvain, des Bannerherrn Ruy de Fanez »Ecuyer« oder Schildknappe. Danach erwachte der zweite von den Roßknechten, aber erst nachdem sein Kamerad ihn gerüttelt hatte. Herrn Ruy ließen sie weiterschlafen bis zum fertigen Morgenimbiß.

Es gab eine dicke Fleischsuppe, man konnte sie bald riechen, sie wallte und brodelte. Derweil wurden, nach dem Füttern und Tränken, die acht am Waldrand stehenden Rosse für den Aufbruch bereitgemacht, zunächst die drei Tragtiere mit ihren Packsätteln, soweit dies schon möglich war, denn Herr Ruy schlummerte friedlich weiter auf seinen Decken, und Kessel wie Eßzeug wurden jetzt noch gebraucht. Die beiden Knechte sattelten dann langsam auch die anderen Pferde, ohne zunächst die Gurten anzuziehen. Des Herrn »Destrier« oder Schlachtroß blieb jedoch mit Decke und Halfter, wie es war; Herr Ruy ließ dieses schwere Pferd, nach allgemeiner Gepflogenheit, meist ledig gehen auf der Reise und ritt über Land ein anderes, einen kleinen und leichten Braunen. Gauvain schwätzte und murmelte ins Ohr seines Gaules – »Beaujeu« hieß er – während des Sattelns. Der Bube hatte sechzehn Jahre. Die Pferde der beiden Knechte waren ganz schwer, ausdauernd und kaltblütig, ebenso wie die Tragtiere, von denen jedes kaum eines halben Reiters Last auf dem Packsattel hatte, weshalb man sie bei langen Ritten auch als Reitpferde zur Ablösung heranzog, wenn die anderen Tiere zu sehr ermüdeten. An den Sätteln der Knechte und des Buben hingen kurze Bogen in ihren Ledertaschen und daneben der mit Pfeilen gefüllte Köcher.

Während Gauvain und die beiden Burschen sich am nahen Bache – wo sie auch die Tränkeimer gefüllt hatten – wuschen und dabei frisch und munter wurden, kam Herr Ruy endlich in Bewegung und aus den Pelzen. Er richtete sich empor, sah hinüber auf den tintigen Wald und den rosigen Fels, steckte zwei Finger in den Mund und pfiff. Gauvain kam mit den Knechten gelaufen. Zwischen den Stämmen erglühten rötliche Bahnen bis tief in den Wald hinein. Der Sonnenball hatte sich, rein und rund, über den Himmelsrand erhoben.

Eine halbe Stunde später, nachdem die Morgensuppe verzehrt worden und jeder einen Mundvoll Wein aus dem Schlauch bekommen hatte, ritten sie schon in den hier ebenen Forst ein, der sich bald um sie schloß; und damit ließen Herr Ruy und die Seinen, einmal auf dieser waldigen Hochfläche angelangt, des offenen Vorlandes Wiesen und Weiden hinter sich. Es gab hier eine Art Weg zwischen den Stämmen, der sogar breit war, aber nirgends mehr ausgefahren oder ausgetreten schien, weich vom

Moose, da und dort mit Gebüsch wieder bewachsen. Voran ging Herrn Ruys Brauner seinen munteren Schritt, dessen Reiter nur das leichte und anschmiegsame Kettenhemd trug, jedoch keinen Helm, sondern den Kopf mit den dicken schwarzen Haaren unbedeckt. Die rote Stechstange, die er auf den rechten Bügel gesetzt hielt, begleitete und übertrieb mit den Bewegungen ihrer Spitze jeden Schritt des Rosses. Links neben dem »Banier« ritt Gauvain, und in einigem Abstande folgten die Knechte, jedoch ohne die Handpferde zu führen, denn diese trotteten gemächlich an langen Leinen hinterdrein.

»Hier also ist der Weg!« rief Gauvain. »Von dem wußtet Ihr schon durch den Spielmann.«

»Ich kann nicht sagen, daß ich was wußte«, antwortete Ruy langsam. »Ich kann nur sagen, daß mir der Spielmann davon erzählt hatte. Aber solche Erzählungen sind allermeist eine windige Wissenschaft.«

»Doch diesmal nicht.«

»Wir wollen zuwarten«, meinte der Spanier. »Aber wenn er sonst ebenso recht behält wie mit dem Wege hier, dann sieht's fein her.«

Die Augen des Buben glänzten dunkler, wie das bei Menschen von starker Vorstellungskraft zu gehen pflegt, wenn ihnen ein Bild lebhaft und erregend vor den inneren Blick tritt.

»Wir werden«, rief er dann, sich im Sattel aufrichtend, »den Wald durchreiten, sei er so tief er sein mag, und den Wurm schlagen, wenn er auch noch so groß ist und nicht nur sechzig, sondern hundert Pferdelängen mißt, und wir werden so die Bedingung dieser Herzogin erfüllen und nach Montefal kommen, man wird die Trompeten blasen, und Ihr werdet Lidoine zur Gemahlin nehmen. Werdet Ihr sie auch lieben?«

»Wie soll ich denn das wissen?« sagte Ruy lachend und verbarg hinter dem Lachen die unbehagliche Erkenntnis seines völligen Alleinseins neben diesem fröhlich vor sich hinträumenden Kinde; und vielleicht auch des Aberwitzes der nun beginnenden Unternehmung; denn so ganz ungläubig war er nicht in bezug auf des Spielmanns Bericht.

Der Wald glich einer ungeheuren leeren Säulenhalle. Die, trotz der genossenen reichlichen Mahlzeit, doch nüchterne Verfassung des so frühen Morgens ließ Herrn Ruy alles noch deutlicher und klarer empfinden: jeder Hufschlag, das Jauken des Lederzeugs, das Wiehern eines Packpferdes rückwärts, das alles trat einzeln und begrenzt in die umgebende Stille. Kein Wind streifte die Wange. Reglos blieb das Geäst, blieben die langen Bärte von Moos an den hellen Stämmen, von denen Reihe auf Reihe seitwärts in die Augenwinkel trat und nach rückwärts entschwand, dann und wann an einem langen Sonnenstrahle bis in verwobene Waldestiefen hineingereiht und durch ihn verbunden, wie die Saiten einer Harfe von der hervorlaufenden Tonleiter.

Nach vielen Abenteuern eines Herumirrens, das, wie es schien, dem bereits sinkenden Stande noch immer für angemessen gehalten wurde, ritt man hier einer wohl möglich letzten Aventüre entgegen, und keineswegs nur in dem Sinne, daß dahinter der Tod stehen konnte oder andernfalls bloß die zutiefst ernüchternde Einsicht in die Schwindelhaftigkeit aller jener gehörten Erzählungen: sondern das wirkliche, das große Abenteuer hätte noch immer diesem Umhergeworfensein hintnach seinen Sinn zu geben, ja den Sinn des eigenen Lebens überhaupt erst aufzudecken vermocht. Man war nun ein Mann von vierzig Jahren, und dieses Alter ist ein in gewisser Hinsicht geheimnisvolles, sonderlich wenn einer noch nirgends sich festgelegt, noch nirgends den Kahn endgültig angebunden hat. Man war ein Mann von vierzig Jahren, der selten durch längere Zeit an einem Orte gelebt und also auch kaum Freunde erworben hatte. Das Pferd nickte und schritt, die rote Stechstange zeigte seine Bewegungen an. Man war allein.

Man war allein und man trug eine ausgebreitete Welt in

sich: aus Türmchen und Giebelchen der Städte, aus Waldtälern, aus Burgen, die klein und wie ein scharf geschliffener Stein im westlichen Sonnenglast saßen, fern über dem stäubenden Straßenband; eine Welt, in die auch, sie gleichsam anhaltend und beendend, da oder dort, bei erreichter Küste, das blaue Meer eintrat, welches dem Menschen nichts übrigläßt zu tun, als daß sein Auge sich hinausverliere; und viel später erst denkt er dann ein Schiff zu finden. Die Erde im Heiligen Land war gelb, wie auch die Mauern der Städte dort, und in den Gefechten das Kriegsgeschrei des bunten, bräunlichen Feinds so durchdringend, wie man derlei vorher noch nie gehört hatte. Der Hof des Königs jedoch beendete die Welt in ähnlicher Weise wie das Meer und hielt sie an: denn in stillen Räumen gingen die Frauen ganz unter Glas, welches sie dann ganz durchbrachen. Hier quoll es heut noch wie Rauschgift aus dem Gedächtnisse, von manch einer Schläfe unter der Haube von Spitzen und Gold oder von einem gerafften Kleid. Am tiefsten Grunde dieser Vorratskammern der Vergangenheit aber schimmerte da oder dort ein Punkt, ein Haus etwa, ein vergessenes Zimmer oder eine Landschaft, wo man wohl einst gewesen sein mußte und wohin man sich zugleich doch immerfort bewegte: da gab es saftige Talgründe, von geruhigen Bächen durchzogen, darin sich das Grün des Ufers verdunkelte im Widerspiegeln ...

»Was war denn der Spielmann für einer und wie sah er denn aus?« – so ließ sich jetzt Gauvain wieder vernehmen – »das wollt ich Euch schon lange fragen.«

»Der Spielmann ...«, sagte Ruy in seiner langsamen Art und schwieg.

»Ja, der Euch von Montefal erzählte, und der auch das Lied gemacht hat, welches Ihr mich lehrtet.«

»Er war ein bemerkenswerter Mann, auch neben seiner Kunst noch, und sah mit ein wenig schrägen Augen fast drein wie ein Sarazene. Zudem hat er mit dem Bogen vortrefflich umzugehen gewußt.« Und Herr Ruy wies mit einer Bewegung des Kinns auf das an Gauvains Sattel hängende Schießzeug. »Seines Standes war er wohl mit dir gleich, sein Vater dürfte ein ritterlicher Dienstmann gewesen sein. Den Namen hab ich, wie du weißt, seltsamerweise vergessen.«

»Und die Burg Montefal gibt es also wirklich und die Herzogin Lidoine und das ›verschlossene Land‹, wie Ihr sagtet?«

»So heißt es jedoch erst seit einigen Jahren, seit nämlich der Drache hier aus den Wäldern aufgetaucht sein soll. Ja, Herzogtum, Burg und Lidoine gibt es in der Tat, denn ich habe mit dem Gesandten der Herzogin bei Hof einst persönlich gesprochen. Das steht mir demnach außer Zweifel; zudem weiß es auch sonst jedermann.«

»Ob sie noch lebt?« sagte Gauvain nachdenklich, der nicht nur hinsichtlich des Drachen, sondern, wie es schien, auch in bezug auf Montefal und dessen Herrin allzu gerne versichert gewesen wäre.

»Doch«, sagte Ruy gleichgültig.

»Wie kann man das aber wissen? Woher kann die Kunde kommen, aus dem ›verschlossenen Land‹?«

»Du hast mich mißverstanden, mein guter Bub«, sagte Ruy. »Das Land ist nur verschlossen nach einer Seite, nämlich nach jener hin, von der wir darauf zureiten, durch den Wald und, wie man sagt, vor allem durch den Drachen. Sonst liegt es wohl offen gegen die Welt.«

»Ja, aber, hört, Herr Ruy – dann kann Euch doch jeder zuvorkommen?!« Gauvain hatte sich ganz im Sattel herum und seinem Herren zugewandt.

»Nein, wie es heißt – will Lidoine durchaus nur einem Helden die Hand reichen. Weißt du eigentlich, was – ein Held ist, Gauvain?«

»Ja, doch – warum, Herr?«

»Ich hätt' es gern erfahren. – Nun: sie verlor vor mehreren Jahren ihren zweiten Gatten. Dabei ist sie noch jung. Sie verschwor sich, oder sie gelobte – nur einen Mann zu nehmen, der diesen Drachenwald durchschritten hätte.«

»Und der Gesandte damals am Hof des Königs – wußte der nichts vom Drachen?«

»Nein, das konnte er wohl nicht; denn ihn sprach ich noch zu Lebzeiten von Lidoines zweitem Gemahl, und der Drache tauchte merkwürdigerweise erst auf, als sie schon Witwe geworden war.«

»Ach – und das ist vielleicht gar nicht lange her?«

»Doch. Du siehst es an dem Wege hier, welchen mir der Spielmann so zutreffend beschrieben hat. Einst war das eine befahrene Straße nach Montefal. Heut, seit die Angst vor dem Untier sich verbreitet hat, wächst Moos und Strauch darüber, und ist inzwischen nicht wenig gewachsen, wie du siehst.«

»Dann wäre also des Spielmanns Erzählung von dem Drachen . . .«, sagte Gauvain, brach ab, und seine Augen verdunkelten sich wieder. »Wann waret Ihr bei Hof und wann spracht Ihr also mit dem Gesandten der Herzogin?« fügte er nach einer kleinen Weile hinzu.

»Es sind acht Jahre her, seit ich zum letzten Male zu Hof gefahren bin.«

»Acht Jahre!« rief Gauvain. »Ich bin sechzehn. Also mein halbes Leben. Ich war zu jener Zeit noch ein Kind.«

»Das bist du wohl heute noch, Gauvain«, sagte Ruy, »wenn auch zugleich schon ein angehender Rittersmann. Kommen wir schön durch, dann wird man dich auch am Hofe der Herzogin zum Ritter schlagen. Als Gemahl für sie bist du allerdings etwas jung. Immerhin. Ich dagegen habe vierzig Jahre, bin demnach weit mehr als doppelt so lange auf dieser Welt wie du. Als du in Windeln lagst, war ich längst Ritter.«

Gauvain sah seinen Herrn völlig verwirrt an. Erst nach einer Weile kam ihm sozusagen die Luft wieder:

»Zweimal so lange auf der Welt als ich – und mehr noch . . .«, sagte er, und dann: »Ihr werdet doch die Herzogin heiraten, Herr Ruy?!«

»Das wäre vor allem mit dem Lindwurme abzumachen«, meinte der »Banier« und lachte kurz auf.

Immer gingen die Pferde den gleichen Schritt, dazwischen ward wieder ein kurzes Stück getrabt, und dann bewegte sich wie früher vorne die Spitze der roten Stechstange im langsamen Zeitmaße. Der Weg blieb, wie er war, schweigsam wanderte der Wald vorbei, am dritten und vierten Tag wie am ersten. An kleinen Bächen fehlte es nicht, man hörte sie meist von weither schon in diesen stillen Räumen murmeln. Der Weg stieg flach an, fiel ebenso wieder ab, führte wieder eben hin. Er bog kaum, man sah ihn weit entlang: ein Band von Moos und kurzem Gras, darüber das Band des blauen Himmels zwischen den Wipfeln.

Es öffneten sich lichte Wiesen da und dort, die Stämme traten auseinander, die Weide für die Pferde war gut.

Gauvain hatte vorlängst, des Abends beim Lager am Waldrand schon, eine seltsame Art von Vögeln bemerkt, die nun häufiger zu werden begannen: fette, starke Tiere, wie Kropftauben, jedoch weit größer, und mit mächtig langen, weich herabhängenden lockeren Schwanzfedern geziert, deren Farbe manchmal der des Goldes ganz gleich schien. Sie pflegten zu mehreren nebeneinander auf den unteren Ästen regungslos zu sitzen, waren nicht scheu und erhoben sich auch nicht bei Annäherung der Reiter. Irgendeinen Laut oder Ton, einen Pfiff oder ein Gurren bekam man von ihnen niemals zu hören, sie schienen wie stumm. Herr Ruy forderte einmal, als sie wieder unter solch einer weiß-goldenen Schar, welche auf den Ästen saß, durchritten, einen Pfeil daran zu wenden; denn, so meinte er, vielleicht gäben die fetten Burschen einen guten Braten. Gauvain nahm aus seinem Köcher kein scharfes Geschoß, sondern eines mit rundem Kopfe, wie man's zur Vogeljagd braucht, spannte, zu Pferde sitzend, geschickt den kurzen Bogen, das untere Horn gegen den Schuh drückend, hob die Waffe, schoß und traf: eines der Tiere fiel, zappelte jedoch nicht mehr, sondern lag durch den Aufprall des Stoßpfeiles allein schon verendet. Ein so wenig zähes Leben dieses großen Tieres schien Herrn Ruy verwunderlich; noch mehr aber, daß die anderen zumeist ruhig auf den Ästen blieben, auch als Gauvain weitere Pfeile schoß, von denen noch zwei ihr Ziel erreichten. Ein Knecht saß ab, brachte die Vögel und suchte die verflogenen Pfeile zusammen. Gauvains Jagdbeute griff sich gleich vielversprechend an, fleischig und stark. Am Feuer wurde abends gebraten. Und von da ab täglich.

Herr Ruy ritt mit dem Buben oft vom Wege, in die Tiefen des Waldes, während die Knechte gemachsam und plaudernd weiterzogen; diese Umritte, welche nach weitem Bogen wieder zur Wegspur führten, zeigten anfänglich den Wald überall fast gleichartig, licht und leer, mit wenig Unterholz. Doch schienen während der letzten Tage die Stämme da und dort näher zusammengerückt, auch sperrten jetzt Jungwald und Dickung häufiger den Durchgang für die Pferde. Der Boden wurde unebener. Bald ging es auf dem Wege lange Strecken bergan.

Und nun dauerte dieser Ritt durch die allseits umschließenden Wälder in den zehnten Tag.

So lange schon wurde jeder Fernblick entbehrt. Man zog wie auf dem Grund eines tiefen Wassers dahin, das unendlich schien wie das Meer, jedoch regungslos wie ein Felsgebirg. Über den Kronen strahlte der Himmel heiß und blau, kein Zweig bewegte sich, die Sonne griff steil oder schräg durch die Äste, warf ihr Schattenspiel auf den Waldboden, glühte des Abends, emporrückend, an den Stämmen.

Seltene, aber starke Rudel von Rotwild tauchten auf, Gauvain und der eine von den Knechten konnten jeder einen Bock erlegen.

Des Nachts ward die Wache durch das Los ohne Unterscheidung von Herr und Knecht verteilt. Wer an die Reihe kam, saß mit bereiten Waffen beim glimmenden Feuer, den schußfertigen Bogen zur Hand; die anderen schliefen meist tief, durch den Ritt des Tages ermüdet.

Die Nächte waren hier tonlos still. Jedes kleinste Geräusch mußte da den Wachenden erregen, wenn er zwei Stunden hindurch in die Dunkelheit gestarrt hatte: eines Vogels seltenes Flattern oder das Fallen eines Zweigleins ließen die Hand nach dem Schwertgriff tasten.

Untertags aber ritten sie, wenn auch gemachsam wegen der langen Fahrt, so doch mit nur geringen Unterbrechungen.

Immer häufiger verließ unterdessen Herr Ruy mit Gauvain zusammen den Weg, tief in die Wälder eindringend; eines Tages sagte er dabei: »Nun bin ich, scheint es, wahrhaft zum irrenden Ritter geworden, denn mir ist, als sollten wir nie mehr aus diesem Wald gelangen und als ritte ich darin ein halbes Jahr.« »Es ist schön hier«, antwortete der Bube. Sie hielten eben vor einer tiefgrünen Dickung aus jungen Bäumen und Sträuchern, den Weg für weiteres Vorwärtskommen suchend. Als sie das Hindernis umritten hatten, öffnete sich vor ihnen eine längst ungewohnte Weite: es war der Spiegel eines schmalen, langgezogenen Sees, der hier hinausfloh, sich allmählich verbreiternd, die geschlossenen Wälder solchermaßen aufspaltend. Die Bäume am anderen Ende sahen ganz klein aus. Wie ein graugrünes Band grenzte ringsum das Schilf ans offene Wasser.

»Sieh!« rief Ruy heftig und wies in die Höhe über dem anderen Ende des Sees.

Dort erhob sich der Wald in einer Lehne, die nach oben zu steiler ward und den Anfang einer Kette von Erhebungen zu bilden schien. Weiter rückwärts sah man die Bäume am Kamme einander übersteigend emporwandern. Es war dunkler Nadelwald. Aus ihm stieß da und dort auch unbewachsener Fels.

»Endlich werden wir sehen, werden wir Ausblick haben, endlich steigen wir aus der Tiefe!« rief Gauvain. Das Drückende dieser letzten Tage, bisher verheimlicht und niedergehalten, befreite sich nun bei ihm ganz ebenso wie bei seinem Herrn. Sie wandten die Pferde, ritten eilig zurück zum Wege, um den Marsch gegen die Höhen zu beschleunigen: auch die Knechte zeigten sich durch die Nachricht belebt. Man setzte die Pferde sogleich in frischen Trab.

Des Abends lagerten sie schon am Beginn der ersten Hügel, im ansteigenden Nadelwald. Herr Ruy rieb sich die Hände am Feuer. Sein Wesen schien verändert und erregt.

»Von dem See«, sagte er plötzlich zu Gauvain, »hat mir gleichfalls der Spielmann erzählt. Deshalb ritt ich in den letzten Tagen so viel durch den dicken Wald und abseits, um diesen See nicht zu verfehlen, denn unser Weg führte anderwärts. Das wußte ich. Ich wußte auch von den Höhen und den Felszähnen, die wir gesehen haben.«

Gauvain schwieg. Sein Herr wurde gesprächig.

»Er scheint nicht geflunkert zu haben, dieser Seltsame«, sagte er. Und dann erzählte er plötzlich vielerlei von dem Spielmann, worauf er sich jetzt erst besser zu besinnen schien. So etwa, daß jener einen Pfeilköcher geführt habe, mit zahlreichen Bildern geschmückt, von denen jedes ein gehabtes Abenteuer sehr kunstvoll darstellte. Die innere Seite seines Bogens aber sei mit geheimen Zeichen bedeckt gewesen, jegliches so inhaltsreich an Bedeutung wie ein ganzes Buch, und zusammengenommen hätten sie eine richtige Wissenschaft ergeben.

Und damit verstummte Herr Ruy und trat ein wenig abseits des Feuers in den tiefen weichen Schatten zwischen den Stämmen.

»Singt uns was, Herr Gauvain«, bat einer von den Knechten.

»Ja!« rief Herr Ruy von rückwärts, »sing, Gauvain! Sing das Lied des Spielmanns!« Seine Augen leuchteten plötzlich rund und schwarz im Schein der Flammen.

Der Bube zog die Laute aus dem Sack, stimmte, spielte und sang:

> Es zieht die Ferne,
> es glüht die Nähe,
> wie Edelstein schimmert des Waldes Grund.
>
> Leicht sitzt die Klinge,
> die sausende – singe, o Leben,
> dein Summlied mir, o Geheimnis,
> küsse im tiefen Wald meinen Mund.
>
> Die frohen Fernen, härtere Herbste,
> weitere Bahnen, des Mannes Leid;
> gestreut im Lande, am Straßenbande,
> die Burgen, die Dörfer weit.
>
> Und Gefechte und Fahrten
> und frohes Erwarten der hellen Trompeten
> des Morgens frühe –
> Leicht geht die Hand, und nichts wird mir Mühe –
> o gestreut im Lande, am Straßenbande,
> die Hügel, die Wälder weit!

Die letzte Strophe sang Herr Ruy mit.

Unmittelbar auf das geendete Lied antwortete ein Ton von weither aus der Ferne der Wälder. Es war ein tiefes Brummen, als zittere und schwinge der Boden.

Gauvain sprang auf die Beine.

Die beiden Knechte saßen regungslos. Auf ihren erbleichten Gesichtern schwankte der Flammenschein.

Endlich ermannte sich der eine und sagte:

»Das klang ja fast wie Herrn Rolands Horn zu Ronceval!«

Alle schwiegen.

»O Spielmann!« flüsterte Herr Ruy heftig für sich.

In dieser Nacht schlief niemand ganz geruhig, und wer die Wache hielt, konnte immer eine flüsternde Ansprache finden.

Man brach früh auf. Der Weg, hier schon teilweis mit

braunen Nadeln federnd bedeckt, zog sich die Höhen entlang und mäßig bergan. Ruy und Gauvain, begierig nach einem Ausblicke, ließen die Knechte dahinten, und als sie den Weg seine Richtung beibehalten sahen, schlugen sie sich nach links in den zunächst noch flach ansteigenden Wald. Hier mischte sich wieder Laub- und Nadelgehölz, was den Boden zwar weniger glatt machte, jedoch durch Dickungen das Fortkommen erschwerte. Herrn Ruys »Destrier« – diesen ritt er jetzt, und in vollen Waffen – schritt gemachsam und trittsicher, auch als der Anstieg steiler wurde, und ebenso geschickt hielt sich »Beaujeu«.

Gleichwohl waren die beiden Reiter nach einiger Zeit gezwungen, abzusitzen und die Pferde am Zügel zu führen: denn der Hang wurde jäh. Zwischen den Bäumen zeigten sich oberhalb bemooste Felsen, Schutt und einzelne Blöcke.

Hier nun öffnete sich ein Riß, der flach emporführte, entlang einer vorhängenden und gewundenen Felswand von geringer Höhe, über deren Kante die Wurzeln der obenstehenden Bäume zum Teil ins Leere griffen, gekrümmt wie herabkriechende Schlangen. Kraut und Gras, Blumen und Farne wuchsen überall auf des Gesteins Stufen und aus dessen Löchern. Ruy und Gauvain drangen langsam vorwärts in dieser ausgewaschenen Rinne zwischen dem Fels auf der einen, der steilen Böschung von schwarzer Erde auf der anderen Seite. Jeder zog sein Pferd am Zügel hinter sich her. Die Hitze stand gesammelt in dem Graben, der Staub vom herabgestürzten Kalkgestein unter dem Fels hob sich bei jedem Schritt, und in der dicken und dichten Stille hier klang das Scharren von Fuß oder Huf seltsam gepreßt. Indem hatte plötzlich die Rinne ein Ende. Der Blick wurde frei auf eine baumlose Kuppe, mit kurzem Almgras bestanden. Ruy und Gauvain saßen wieder auf und durchritten schnell das letzte sanft geneigte Stück bis zu dem schon beinahe ebenen Gipfel.

Von hier war der Ausblick in der Tat ein vollkommener.

So weit nur das Auge sehen mochte, wanderten die Hügel, unter dunklen Wogen des Nadelwalds, der wie Moos über ferne Kuppen zog, oder von dem helleren graugrünen Schaum der Laubwälder bedeckt. Und, sonderlich dort rückwärts, woher man gekommen war und wo das Meer der Baumkronen flach hinwegfloh bis an den Himmelsrand, schien alles in lichterer Farbe zu ruhen. Gegenüber aber, am Beginn des Gebirgszuges, stand da und dort ein vereinzelter Felskegel nackt über die Bäume hinaus, starrte ein Zahn, zog sich ein langer Zackenkamm über den nächsten Gipfel. Hier sah man die Tannen auf waldigen Graten emporwandern, einzelweis einander übersteigend, und hinter ihr dunkles Geäst legte sich die Ferne eines blassen Himmels, der schon den hintersten Bergen angehörte.

Die beiden Reiter hielten schweigend auf der Kuppe.

Sie konnten rechts unten den ansteigenden Strich des Weges durch die Wälder ausnehmen, viel näher ihnen, als sie vermutet hätten; und nun sahen sie auch, daß der Gipfel, auf welchem sie da hielten, wahrhaft bequemer wäre zu erreichen gewesen. Denn um von hier nach vorwärts wieder auf den Weg zu kommen, der ja inzwischen auch an Höhe gewann, dazu mußte lediglich eine flache Senkung mit lichter stehenden Bäumen bergab durchquert werden.

Eben begannen sie von diesen Beobachtungen zu sprechen, dazwischen wieder den Blick da oder dort in die Fernsicht lehnend, als Herr Ruy mit kurzem Rufe den Arm hob, auf den Felskamm über dem nächsten Gipfel weisend.

Ein Teil dieser grauen Zacken bewegte sich, wenn man genauer hinsah.

Unter dem Blau des Himmels hier, in dieser lichten und dichten Stille, setzten für einen Augenblick Herzschlag und Atem aus.

Unterdessen hatte sich ein Teil des Grates drüben noch mehr verschoben, und nun freilich konnte man's schon trennen: was nämlich dort Fels war und was einem lebenden Wesen angehörte.

Gleich wurde solches noch deutlicher: eine Rundung erhob sich über dem Stein, die seinen schrofigen Formen fremd war – nun schon ein Bogen, der unter sich durchsehen ließ: und dann wuchs der wohl fünfzig Fuß lange Schlangenhals des Tieres über dem Berg, langsam vor dem blauen Himmel pendelnd, mit Windungen und Drehungen gleichsam in den Lüften tastend, plötzlich jedoch wieder eingezogen. Jetzt kam dort, auf oder hinter dem Felskamme, ein Langgestrecktes in Bewegung. Denn von überall her kollerten die Steine in den Wald hinab, schlugen schallend auf den schon unten liegenden Schotter, polterten dann und wann dumpf gegen die Bäume, welche zwei Arten ihres Aufschlags deutlich genug zu unterscheiden waren. Indessen, wie wenn eine Schlange ins Gras kriecht, begannen nunmehr rechts vor dem Felskamm die Wipfel zu zucken, zu zittern und endlich heftig zu schwanken, und in dem Augenblicke, als auch schon das Knacken und Brechen einzelner Stämme deutlich vernehmbar wurde, sahen Herr Ruy und Gauvain zum ersten Male den langen Rücken des Wurms mit seinem riesenhaften Zackenkamm hoch wie ein Kirchendach zwischen den Baumkronen dahinwandern.

Längst waren die Pferde unruhig geworden.

»Zum Weg!« rief Ruy und gab seinem Tier die Schenkel.

Sie ritten, so schnell es gehen mochte, über den Almboden und hinab durch den Wald. Am Wege mit den schnaubenden und tänzelnden Rossen endlich angelangt, sahen sie weit unten die Knechte und Tragtiere herankommen. Um diese sich zu bekümmern blieb keine Zeit. Schon hörte man von links, von der Höhe her, den Wald wie sturmgepeitscht aufrauschen, schon klang hell und dumpf das Splittern, Brechen und Fallen einzelner Stämme.

»Beaujeu« und der »Destrier« standen steil auf der Hinterhand.

Herr Ruy glitt rasch aus dem Sattel. »Hierbleiben und die Pferde halten!« herrschte er Gauvain an, der eine Bewegung machte, wie um seinem Herrn zu folgen.

Der Lärm kam näher. Ruy stieß die Stechstange in den Waldboden. Noch einmal wandte er sich um, sah den Buben mit den tobenden Pferden kämpfen. Dann riß er das blanke Schwert heraus und rannte den Weg entlang.

Er rannte – dies war die einzige Möglichkeit, sich selbst blindlings dem entgegenzutreiben, was jetzt von links vorne, den Hang herab, mit Krachen und Rauschen auf diesen Weg herunterkam. Er rannte über den glatten braunen Boden und sah dabei jede einzelne Nadel. Noch zog sich die Wegschneise leer in den Wald.

Doch fielen jetzt, etwa hundert Schritte vor Ruy, erst zwei und dann mehrere stürzende Tannen querüber. Sie fielen langsam, prellten dumpf mit dem erschütterten Wipfel auf und blieben still.

Wie spitze scharfe Kristalle erhoben sich in Ruy während des Laufens – und zu seiner eigenen Verwunderung – Hohn, Geringschätzung, ja Verachtung gegen jene unbekannte Frau, die sich selbst in ihrer Torheit solcher Proben für wert hielt. Denn dort links vorn im Walde schien sich ja ein Berg zu versetzen!

Viel früher, und ihm viel näher, als Ruy von ungefähr erwartet hatte, war der Berg auch hierher auf den Weg versetzt, diesen versperrend.

Braun und faltig ragte das, von einem violenfarbenen Horne gekrönt, wohl in Manneshöhe.

Und Ruy hielt an. Nicht mehr als drei Schritte vor dem mächtigen Haupt des Wurmes, das auf dem Wege lag, während der endlose Hals sich zur Seite in den Wald bog. Des Tieres Augen waren jetzt geschlossen, lagen unter mächtigen Panzerdeckeln, so wie alles hier schwer und tief in Panzern lag, in Falten, Kämmen, Buckeln und in Rillen, worein man schon einen Arm hätte verbergen können.

Und wogegen ein langes Schwert zum kleinen Stichel wurde, gerade gut, die Faust um seinen Griff zu krampfen.

Dies erkennend, sah Ruy zugleich in seinem Inneren eine weite und lichte Leere, wie jemand, der ein Haus noch nicht lange bewohnt und eines Tages darin neue, bisher nicht bemerkte und betretene Räume entdeckt.

Er fiel und flog mit großer Schnelligkeit durch diese ungekannten und ungenutzten Kammern seiner Seele, und während solchen immer rascheren Dahinsausens – welches ihn geradezu ein Aufprellen fürchten ließ – erkannte er, daß dort, wo jetzt nichts war, die Todesangst hätte wohnen sollen. Er aber ruhte völlig, in dieser Lage hier, vor dem braunen Gebirg mit dem großen violenfarbenen Zacken stehend, und wartete, wie hinter ihm, etwa zwischen den Schulterblättern, all sein Leben, wo und wie immer gelebt, als ein kleines Gepäck sich versammelte, das er bald über den Rücken konnte abrollen lassen. Er wartete darauf.

Und überdies: statt in seinem Fluge aufzuprellen, bot sich dieser Bewegung jetzt in räumiger Tiefe eine neue Bahn.

Es waren die Augen des Wurms. Sie hatten sich groß geöffnet.

Wie zwei kleine Waldtümpel lagen sie vor Ruy, deren brauner, mooriger Grund, durch die Sonne herauftretend, doch die ganze schwindelnde Tiefe des Himmels weist, die er spiegelt. So tief führten diese Augen hinein, und wie durch Wälder, welche nicht in Tagen, Wochen oder Monaten, sondern in ganzen Jahrtausenden nur zu durchreiten waren. Sie umschlossen, wie der Wald von Montefal hier dieses eine Abenteuer, so alle auf Erden möglichen Abenteuer überhaupt, somit das ganze Leben, das in solchen Wäldern tief befangen blieb und in ihnen stand, wie der Traum in einem schlafenden Leibe: ein schwerer und süßer Traum, von Burgen und Dörfern, Gefechten und Fahrten, von der stäubenden Länge des Straßenbands auf Reisen, von einer Schläfe unter dem Häubchen von Spitzen und Gold, von dem im heftigsten Grün schimmernden besonnten Waldesgrund, und auch vom blauen Meere. Aber hindurch zog Herr Ruy durch solchen goldig-braunen Gang, der sich erweiterte und grün gesprenkelt war, mit vielen Einzelheiten: jenes Fleckchen wies eine ganze Landschaft, mit der leeren, großen, öden Mühle in einem sanften Talgrunde, drinn das Gras hoch und saftig stand am schlierenden und fließenden Spiegel des langsamen Baches, dessen Grund braun herauftrat bei einfallender Sonne ... Hindurch zog Herr Ruy, und er stieß für eines Atemzugs Länge auch aus diesem allergrößten Walde hervor und hinaus und wandte sich um und sah den Banier Ruy de Fanez darin reiten und mit seinem Knappen auf der von dünnem Almgras bewachsenen Kuppe haltend oder hier vor des Wurmes Haupt stehen: und jetzt war Herr Ruy ganz leicht imstande, mit seinem starken, bannenden Blicke alles, was dieser in Silber und Eisen schimmernde Mann, welcher da vor dem Drachen träumte, je erlebt haben mochte, alles zwischen dessen Schulterblättern als ein kleines Bündel zu versammeln: und – siehe da! – er befand es als leicht.

Dem Drachen seinerseits aber schien dieser eiserne Mann, der nur nach Stahl, Silber und Leder roch, wenig Freßlust zu machen. Vielleicht war er auch satt.

Jedoch die fest in die seinen stechenden Augen des winzigen Wesens bereiteten ihm wohl Unbehagen.

Er zog den Kopf um zwei oder drei Fuß zurück.

Herr Ruy aber, der glaubte, das Tier würde nun nach Schlangenart zustoßen, fiel aus all seinen versammelten Gesichten in die eigene rechte Faust, das Schwert blitzte auf, fuhr hoch, und im Vorspringen schlug er zu: wobei die Klinge, aufschmetternd, einen blechernen Ton gab, als hätte man mit ihr blindlings in einem Schotterhaufen oder in der Werkstatt eines Klempners herumgehauen; und dieses Geräusch verriet ihre Wirkungslosigkeit und Ohnmacht nur allzusehr. Jedoch flog etwas durch die Luft und seitwärts des Wegs ins Gebüsch: es war die Spitze von dem violenfarbenen Horne, welches der Drache auf dem Scheitel trug.

Dieser selbst aber schien zum Spielen nicht aufgelegt oder allzusehr verdutzt zu sein. Denn er wandte das riesige Haupt nach rechts vom Wege, und gleich danach zog das ganze Gebirg seines Leibes, vom Hals zum dachhohen gezackten Scheitelgrat des Rückenkammes anwachsend und mit der Endlosigkeit des Zagels auslaufend, an Ruy, der zurücksprang, vorbei, in einer einzigen schleifenden Windung, die, in Ansehung der Masse und Größe des Tiers, von vollendeter Anmut genannt werden mußte. Und schon brauste er splitternd und krachend durch den Wald nach rechts bergab und davon, eine verwüstete Schneise hinter sich lassend, mit einer Schnelligkeit, der man kaum zu Roß hätte folgen können.

Herr Ruy stand und betrachtete sein Schwert, das zwei Scharten zeigte. Der rechte Arm war noch steif vom Aufprellen.

Er stand lange. Hinter ihm klirrte es. Er drehte sich herum, sah seinen Knappen Gauvain, dessen Antlitz entsetzlich bleich war vor der braungrünen Tiefe des Waldes, sah die Knechte, die scheu abseits standen und ihren Herrn betrachteten wie ein übermächtiges Wesen, sah die Reitpferde, die Tragtiere. Gauvain kniete vor ihm und küßte die Hand, welche das Schwert hielt, Ruy fuhr ihm mit der Linken durch das Haar. Er brachte das Schwert ungelenk in die Scheide.

»Ihr seid der größte Held aller Zeiten!« rief Gauvain, noch immer kniend. »Ihr schlugt den Drachen vor unseren Augen in die Flucht...«

Ruy trat zu dem »Destrier« und klopfte dessen Hals.

»Wir reiten ... und dann lagern wir bald«, sagte er

endlich. »Dorthin!« Er wies die Richtung, aus der sie gekommen waren.

Gauvain starrte ihn betroffen an. »Montefal ... die Herzogin ... und vielleicht hat der Wald dort hinaus früher ein Ende! Anders müßten wir ja an drei Wochen reiten ...«, brachte er schüchtern hervor.

»Meinetwegen«, antwortete Ruy. »Nun denn, aufgesessen, nach Montefal!« Sie ritten im Trabe davon, trotz der Steigung des Wegs, welche hier für ein Stück noch anhielt.

2.

Acht Tage etwa nach der Begegnung mit dem Herrn und Mittelpunkt der Wälder schlugen sie das Lager auf einem flachen, nur mit wenigem Busche bestandenen Hügel. Und am nächsten Morgen, nach kaum halbstündigem Ritte, begannen die Stämme immer weiter auseinanderzutreten, als wichen sie vor dem Drucke der heranströmenden offenen Fernen: des Waldes Ende wurde unzweifelhaft. Ruy schickte einen Späher zu Fuß, und dieser kam bald gelaufen und berichtete vom weiten Land, in das man hinab und hinaus sähe, von Dörfern, Straßen und Kirchen, sonderlich aber von einer vieltürmigen und vieltorigen Burg, die dort im Tale liege.

»Es ist Montefal«, sagte Ruy.

So ließ er denn jenes dreieckige Fähnlein, das ihm, als freiem Herren, gebührte, oben an die Stechstange setzen, nahm den Schild mit dem grüngoldenen Querband, welcher bisher rückwärts auf einem Packsattel gelegen, an den linken Arm und den Helm aufs Haupt und schlüpfte in die schweren Handschuhe. Der »Destrier« war indessen bereitgemacht worden wie zum Turnieren. Nun schwang sich Ruy hinauf. Die beiden Knechte hatten jeder aus dem Gepäcke ein silbernes Jagdhorn hervorgezogen: das hielten sie in die Hüfte gestemmt, so fröhlich und selbstbewußt zu Pferde sitzend wie seit langem nicht.

Und Gauvain trug jetzt sein bestes, ein anliegendes ledernes Wämslein und Beinkleid in seines Herrn Farben.

Dann ging's im Trabe und endlich im Galopp zwischen den Bäumen hervor.

Als sie nun draußen auf einer sanften Wiese hielten, als ihnen noch die neue Weite mit Einzelnem und mit Verschwommenem, mit scharf zu Sehendem und mit Dunstigem wie ein ungeheurer grünblauer Bausch vor dem Gesichte lag – da schmetterte hinter ihnen, dreimal von den Knechten geblasen, die Fanfare der freien Herren von Fanez, welche derberen Vorfahren einst zu so manchem Jagdvergnügen erklungen war.

Fern, ja wie aus dem weitgespannten Sommerhimmel selbst kommend, antworteten nach wenigen Augenblicken bereits von den Zinnen der Burg unten im Tale viele und bald schärfer vernehmliche Rufe: die Trompeten von Montefal.

Es vergingen diese nächsten Wochen wie kurze Tage. Sie standen ein Weilchen nur still über dem dunstigen Himmelsrande – darein die Konturen einer, wie es schien, größeren Stadt schnitten, und Dörfer daneben, und dann wieder eine Burg – und schon war neuerlich eine von diesen Wochen herumgeschwungen bis zum sonntäglichen Hochamt in der Burgkapelle von Montefal, die schon eher eine große Kirche zu nennen war oder fast ein Dom und sich doch in der Weitläufigkeit dieses herzoglichen Sitzes verlor, darin mit ihrem dunkleren Gemäuer als ein einzelner Ton verschwindend, zwischen so vielen goldenen Dächern und Türmen aus weißem und hellgelbem Stein. Dazwischen gab es auch Kuppeln blau wie ein Blitz. Und Gärten und hängende Gärten auf diesem weitgedehnten Burghügel, schmale Gärten, die auf und ab an den hohen Außenmauern liefen, mit Treppen und Trepplein verbunden, in Erkerchen führend, verschlossen in

Gängen, die innen mit blauer Lazur ausgelegt waren: und nun plötzlich fiel durch maurische Bogen der Blick hinaus, wenn man gerade um eine Ecke getreten war, überrascht von der schwindelnden Höhe, in welcher man stand, so daß Straße, Wall und Graben dort unten klein schienen. Unmerklich leiteten diese gewundenen Garten- und Bogenwege überallhin, bis auf die höchste Höhe des Schlosses, doch glaubte man kaum gestiegen zu sein.

Befangen war das Leben in dieser Wirrnis, die immer wieder neue und ungekannte Blumentiefen in den Gärten und bisher nie betretene, halbdunkle oder von Sonnenbändern durchwebte Riesenräume zeigte.

Es vergingen diese Wochen wie kurze Tage, aber zugleich war es, als fließe die Zeit überhaupt nicht mehr, und alles, was geschah, blieb auch weiter ganz gegenwärtig und in der stehenden Zeit hängen wie Rauch in regloser Abendluft oder die Wolken eines Sommerhimmels bei völliger Windstille: noch hörte Herr Ruy den Hufdonner auf der Zugbrücke unter sich beim Einreiten, über sich das Geschmetter der Trompeten im Torturm, sah auf dem weiten Hofe drüben die Treppen des Palastes sich absenken mit der angehaltenen Bewegung des wogenden Gefolges, dem sanften fettigen Glänzen vielen Brokates, dem silbernen Schein von Rüstungen, der schlanken zierlichen Frau mit dem tiefdunklen Haar inmitten, von der alle Abstand hielten, als stünde eine Gefahr um sie: nur er sprang vom Pferde und ging ihr geradewegs über die Treppen entgegen und stieg empor, und dem Klirren seiner Waffen war sie zwei Stufen herab sehr huldreich entgegengekommen. Auch sich selbst hörte er noch erzählen, wie sie es verlangt hatte, bei ihr sitzend in dem etwas kahlen Saal von Weiß und Silber; und die eigene Stimme hatte ihm sehr nüchtern geklungen, was der Art seines Berichtens allerdings durchaus entsprach.

»Ihr habt also den Drachen laufen lassen«, sagte sie, und dann: »Wo habt Ihr jenes violenfarbene Horn?«

Als er ihr antwortete, es liege wohl noch im Gebüsch seitwärts des Weges, fühlte er zugleich ihren Blick wie eine Herausforderung.

Und all das konnte so gut heute oder gestern oder vor Monatsfrist gewesen sein. –

Ruy sah die Herzogin täglich, und zwei- oder dreimal wartete Gauvain bei ihr auf. Sie erlernte von dem »Ecuyer«, dessen Ritterschlag bevorstand, das Lautenspiel.

»Euer Bube«, sagte sie einmal zu Ruy, »erzählt das Abenteuer mit dem Wurme so lebhaft, daß man vermeinen könnte, dabeigewesen zu sein. Er liebt Euch grenzenlos und verehrt Euch als einen Helden.«

Im Dom, wo Gauvain die Waffenwacht gehalten hatte in der Nacht vor seinem Ritterschlage, donnerte die Orgel beim hohen Amt, und das Licht fiel von oben und seitwärts in steilen Kegeln und Bündeln durch den bläulich aufdampfenden Weihrauch. Lidoines Marschall vollzog die Zeremonie, und zwar mit Ruys Schwert: darum hatte Gauvain gebeten. Dann erhielt er von seinem gewesenen Herrn die Waffe zum Geschenk, welche noch die zwei Scharten wies, wie sie beim Schlag auf das Drachenhaupt ausgesprungen waren.

Und Herr Ruy hatte von da ab einen anderen Knappen. Dieser war der Sohn eines englischen Grafen, ein sehr kluges Kind, durchscheinend weiß von Haut und rötlich von Haar. Mit ihm spielte er Schach, auf einem Ruhebett liegend, draußen in den einander übersteigenden Gärten und Bogenwegen vor den Gemächern, die ihm zugewiesen waren, hoch über den hohen Mauern und über dem Land. Dann und wann hielt Ruy einen Bauern oder einen Turm lange zwischen den Fingern, jedoch sah er nicht auf das Brett, sondern an den Himmelsrand, in welchen dort drüben die Umrisse einer, wie es schien, größeren Stadt schnitten, und Dörfer daneben, und wieder eine Burg.

Der kleine Graf aber ließ sich nichts anmerken und war niemals verwundert, sondern nur mit dem Brettspiel beschäftigt.

Eines Abends sandte er den Buben um Wein. Als dann das Gefäß neben dem Schachbrett niedergesetzt wurde, sah er auf und fand Gauvain vor sich stehen, der dem kleinen Engländer draußen begegnet war und ihm den Krug abgenommen hatte, um so seinem gewesenen Herrn noch einmal zu dienen. Hier stand also der junge Ritter, nun schon in den Farben seines eigenen Hauses, im langen Mantel, der rückwärts von den Schultern floß; und das Zeichen seiner Würde, der breite weiße Gurt von Hirschleder über dem Rock, trug Herrn Ruys einstmaliges Schwert.

»Das ist eine Freude, mein Freund. Setzt Euch«, sagte Ruy und erhob sich.

Der »Ecuyer« war leise hinter Gauvain eingetreten und schenkte nun den Herren die Becher voll.

Von der weiten Aussicht konnte man fast nichts sehen. Alles verschwand im Gold schrägster Sonne, welches schon rötlich erglühte und das Grün der Pflanzen, die Farben der Blumen, die hier in dicken Gewinden an den Mauern kletterten, heftig aufleuchten ließ.

»Man lebt wie verzaubert hier«, sagte Gauvain und sah in das verwobene Sonnengold hinaus.

»Ich kann verstehen, daß Euch so zu Mut ist«, antwortete Ruy, ohne den Blick zu heben.

»Und Ihr?« fragte der Jüngling, durch den Ton in Ruys Antwort betroffen.

»Ich bin nicht verzaubert und werde es, wie ich sehe, auch schwerlich mehr sein.«

»Es sind hier bei Hof nicht wenige Herren«, brachte Gauvain nach einer Weile vor, »die es für eine große Ehre ansehen würden, wenn Ihr sie mit Eurer zu erwartenden Werbung bei der Herzogin betrauen möchtet.«

»Man erwartet dies wohl mit einiger Ungeduld?«

»Es scheint fast so.«

»Und mit Befremden über die vergehende Zeit?«

»Auch so.«

»Ich sah sie im Auge des Drachen ...«, sagte Ruy

plötzlich, und in das noch offene Erstaunen Gauvains hinein sprach er jetzt rasch weiter, indem er für einige Augenblicke auf dem Ruhebette Platz nahm, um dann wieder aufzustehen und gleichsam in den Abend hinauszureden . . .» Ich sah sie dort, Lidoine, wie eben alles, was mein Leben enthält, dicht gedrängt und, wie es scheint, das Zukünftige ganz ebenso wie Vergangenes. Für mich stand ihre Gestalt auf der Treppe, als wir einritten, ganz für sich da, klein, schmal, dunkel, von keinem durchleuchteten Rand des Neuen umgeben oder wie aus einer anders geformten Welt sich absetzend. Montefal ist mir kein Abenteuer, aber auch kein Ziel mehr gewesen, das wußte ich hier gleich, noch bevor ich aus dem zweiten Bügel gestiegen war. Hier ist alles Licht dünn und klar. Das dort übrigens, jetzt aus der Abendglut hervorstechend, sind die Umrisse einer, wie es scheint, größeren Stadt . . . Verwundert Euch nicht, Herr Gauvain, aber ich sehe deutlich und viel einzelnes, und auch aus dieser Burg ein Stück hinaus, wo mich angeht, was den Himmelsrand schneidet. Aber es lockt mich nicht mehr. Das ist der Unterschied: gegen mein früheres Leben und auch gegen Eueres, wie es nämlich jetzt ist. Ihr könnt nach einer Frau Sehnsucht haben oder nach draußen, und auch beides zugleich ist nicht unmöglich, denn jener durchleuchtete Rand, von welchem ich früher sprach, kann um Länder ebenso gut sein wie um einen einzelnen Menschen, ja er umgibt zuweilen auch das oder jenes Ding oder eine langvergessene Örtlichkeit . . .«

Gauvains Augen waren dunkler geworden; und die Spannung in seinem Antlitze schien über die Anteilnahme am Freunde hinauszugehen.

»Wir kommen spät zu dem, was unser Leben ausmacht und immer ausmachte«, setzte Ruy fort, »zu der Mitte also. Ich sehe deutlicher, seit ich dem Drachen begegnet bin, einen grünen, saftigen Talgrund, von Bächen durchzogen, darin sich des Ufers Grün verdunkelt und vertieft, um einen Ton näher dem Schwarz und dem Braun vom

Grunde des Wassers, welcher durch die Sonne herauftritt. Das Gras ist hoch. Es gibt Mühlen. Eine davon ist ... öde und verbrannt.«

Sie schwiegen beide. Die Sonne rückte bereits hinter die Zinnen und Kirchturmnadeln der Stadt am Himmelsrande.

Ruy trat rasch auf Gauvain zu und nahm ihn an den Schultern:

»Du trägst den weißen Gürtel schon«, sagte er lächelnd, »jedoch du liebst wie ein Page. Ich aber werde reiten.«

Noch standen sie so, und Gauvain hatte die Hand auf seines einstmaligen Herrn Arm gelegt, als über ihnen, von den Türmen her, ein rechtes Ungewitter aus den Trompeten brach und, während die Burg allenthalben mit merklicher Bewegung sich erfüllte, unaufhörlich und atemlos schmetternd als ein Kataraktt über sie herein und ins Gehör stürzte.

3.

An derselben Stelle, wo vor vielen Wochen der Wald Herrn Ruy und die Seinen entlassen hatte, waren neuerlich Reiter aufgetaucht.

Das Abenteuer, welches nach Montefal führte, schien in ritterlichen Brauch gekommen.

Diesmal war es ein Deutscher, Herr Gamuret der Fronauer genannt.

Auch er mußte seine Fahrt und die Begegnung mit dem Wurme berichten, bei der Herzogin sitzend, in dem etwas kahlen Saal von Weiß und Silber. Ruy und Gauvain waren hinzugezogen worden. Der Fronauer, ein herzlicher Mann, mit einem blonden struppigen Krauskopf und von Wuchs wie eine Tanne des Waldes, erzählte, in lateinischer Sprache, welche man damals ja in aller Welt verstand, mit Behagen, Laune und hineingemischten deutschen Wörtern und ganzen Sätzen und unter häufigen herzhaften Zügen aus dem Becher:

»Seindmalen wir uns schon an die dreiundzwanzig Täg durch den Wald geschaukelt – weil man doch fast alleweil in Schritt reit, mein ich, bei der langen Fahrt – hätt ich keinen Glauben mehr an das Viechzeug und selle Geschichten überhaupts. Der Bub aber« (er wies mit einer Bewegung des blonden Kopfes auf seinen hinter dem Stuhle stehenden »Ecuyer«, dem ein guter Verstand aus den lustigen Augen schaute), »der Bub aber hat wellen ums Verrecken den Drachen sehn und also mir gut zugeredet, sein wir links und rechts im Wald wie die Keiler durch den Busch gebrochen, aber nichts hat sich gerührt. Jedennoch hat's uns dann gut gelangt ...«

So ging's weiter, ein Behagliches, ein Breites, und »alleweil« sprang der Knappe flugs und treu an seines Herrn rechte Seite, zu dem Tischchen nämlich, wo Krug und Becher standen, und schenkte nach.

Dem Fronauer wäre diese Fahrt ums Haar übel bekommen. Denn nahe der gleichen Stelle wie den Herrn Ruy stellte auch ihn der Wurm auf dem Wege, nur schien das Untier diesmal weniger schläfrig gewesen zu sein, sondern munter und zu einem fürchterlichen Spiel gelaunt, wenn auch glücklicherweise wiederum ohne Freßlust, was Männer von Leder und Eisen betrifft. Und Herr Gamuret, der, ähnlich wie Ruy, den Buben und die Knechte bei den tobenden und also zum Gefechte ganz untauglichen Pferden gelassen, sah sich mitten im beherzten Vorlauf von dem Wurm, der seinen riesigen Leib zum Kreise schloß, umgeben wie von einem Wall, jedoch von einem laufenden, denn das Tier tollte in täppischer Weise um sich selbst und schien plötzlich darauf versessen, die eigene Schwanzspitze einzufangen – ohne im geringsten des Männleins von Stahl und Silber zu achten, das inmitten des weiten Zirkels stand und an welchem die hoch aufwachsenden und wieder absteigenden Formen des ungeheuren Rückens wie eine rennende Hügelkette vorüberzogen. Des Fronauers große

Jagdrüden aber, von denen er viere bei sich hatte und die teils von inwärts des Ringes her, teils von außen sich in den Wurm verbeißen wollten – was an den Panzern und Buckeln allerdings eine ganz vergebliche Mühe war –, diese Hunde schienen mit ihrem rasenden Gekläff und Springen das Vergnügen des Drachen an dem Tanz noch zu erhöhen und ihn auf den eingefangenen Rittersmann gänzlich vergessen zu lassen: während links und rechts des Weges der Wald mit Stamm und Ast, mit Splittern und Brechen niederging. Jedoch dauerte diese seltsame Gefangenschaft des Herrn Gamuret ganz kurz, und er hatte während derselben nicht viel Zeit zum Überlegen: denn eben als er daran war, den Wurm von seitwärts mit dem Schwerte anzuspringen, hetzte überraschend – wohl zu des Fronauers Glück! – ein mächtiges Rudel von Rotwild durch die aufgestörten Wälder. Dieses aber schien den Drachen doch weit mehr anzugehen als Hunde und kleine silberne Männer, er löste seinen Ring und schoß, unter wilden Verwüstungen des Waldes, hinter der aufgescheuchten Beute einher und also davon.

Der Fronauer aber hatte Mühe, die tollgewordenen Hunde zurückzurufen.

Deren einen aber ließ er jetzt durch seine Knechte hereinführen, öffnete ihm ohne weiteres das Maul, und, die Lefzen zurückschiebend, zeigte er der Herzogin, wie sich das Tier zwei Zähne an dem Panzer des Wurmes ausgebissen.

»Mir war's, als wär ich in einen höllischen Tobel gefallen« – so beschrieb Herr Gamuret seinen Zustand inmitten des schrecklichen Ringes – »und der Bub draußen und meine Leut mit die Roß hent nicht weniger das Schwitzen vor Angst gekriegt dann ich selbsten.«

»Gleichwohl habt Ihr dem Wurm, bevor er noch entfliehen konnte, diese Zier vom Haupte gehauen!« sagte Lidoine und wies auf das violenfarbene Horn, welches auf einem Kissen von Seide hereingebracht und zu Füßen ihres Thronsessels hingelegt worden war. »Eure Tapferkeit ist aller Ehren wert.« Sie sah indessen an dem Fronauer vorbei und zu Ruy hinüber.

»Halten zu Gnaden«, sagte Herr Gamuret, der etwas verdutzt schien, »von Tapferkeit ist hier nicht wohl zu reden, denn wer mag tapfer sein, wenn ein Berg auf ihn zugerennt kommt. Was aber dieses Horn anlangt, so hab ich's nicht herabgeschlagen, sondern später und eine Strecke weiter von dem Ort, wo mir der Lindwurm begegnet ist, gefunden.«

»Und wie fandet Ihr's?« fragte die Herzogin und neigte sich ein wenig vor. »Lag's im Walde oder am Wege?«

»Rechts des Weges in einem Gebüsch haben wir's gefunden, sollte billig heißen nicht wir, sondern die Hund, welche unterwegen allesamt da große Zusammenlaufung getan mit Laut geben und Scharren. Wir hielten nun freilich Nachschau. Ein Wunder ist's nicht, denn das Ding riecht stark und, wie mir scheinen will, recht süß und edel.«

»Ach, das ist's?« rief Lidoine, »die ganze Zeit über, die Ihr hier im Saale sitzet und sprecht, Herr Gamuret, denk ich über den seltsamen Duft nach und daß Ihr wohl sehr kostbare Essenzen gebrauchen müßt!«

»Ich hab mein Lebtag dergleichen nicht gebraucht«, sagte der Fronauer etwas verwirrt, und vielleicht wurde er auch mißtrauisch und des Glaubens, daß hier mit ihm Spott getrieben werden sollte. Eine kleine Falte erschien über seiner kurzen und geraden Nase.

»Sagt, Herr Ruy, wonach riecht es?« rief die Herzogin lachend und winkte einem Pagen, daß er das Horn zu dem Spanier trage.

Ruy beugte sich über seine fremdartige Beute, die er in Todesangst vorlängst dem Wurme abgenommen. Er schloß die Augen halb und zog die Luft ein. Sein Gesicht blieb völlig ernsthaft. Nach einer Weile erst blickte er auf, jedoch an Lidoine vorbei, und sagte langsam:

»In grünen, saftigen Talgründen riecht es wohl so, die von geruhigen Bächen durchzogen sind, darin sich das

Grün des Ufers verdunkelt und vertieft im Widerspiegeln. Mag schon sein, daß dort solche Blumen wachsen von derart strengem und feinem Dufte wie diese Drachenzier.«

»Das sagtet Ihr gut«, meinte Lidoine und schwieg still.

Herrn Gauvains Wesen, welches sich unmittelbar nach der Ankunft des Fronauers merklich verdüstert hatte, gewann wieder etwas Frische. Jedoch beherrschte den Jüngling eine bedeutende Unruhe; und diese führte ihn neuerlich in die einander übersteigenden Gärten und Bogenwege vor den Gemächern seines einstmaligen Herrn.

Hier lag Ruy ausgestreckt auf dem Ruhebette. Und rückwärts war sein Bube ein wenig eingenickt und neigte das Köpfchen an die Armlehne eines schweren Sessels. Auf dem niederen Tische neben dem Lager fehlten nicht Weinkrug und Schachbrett, jedoch waren auf diesem die Figuren teils umgefallen, teils nachlässig zusammengeschoben.

Gauvain blieb stehen, in der Ecke einer kleinen Galerie, und lehnte sich leicht an die Wand, darin einzelne bunte Ziegel leuchteten. An den Säulchen kletterten Blüten in dicken Dolden. Der warme Sommerhimmel fiel hier von überallher in großen und tiefen Stücken herein und wölbte drüben frei auf, über dem Horizonte.

Hier war Frieden. Hier trat die sonst, aus Angst und Gejagtheit des Herzens, vielfach unbeachtete Welt, an welcher er selbst, Gauvain, unruhevoll vorbeiging, von allen Seiten herein, wie in ein vieltoriges Haus. Hier tändelte ein Schmetterling, und auch er war, mit seinen leichten und zufälligen Bewegungen, in diese Schale der Ruhe gefaßt und konnte darin betrachtet werden.

Anscheinend schlummerten beide, Ruy und der Knabe.

Gauvain sah dem Schmetterling zu. Er war violenfarben, so etwa wie jenes Drachenhorn, und die Blüten, welche er beflog, waren von sattem Braungelb.

Nach einer Weile zog Gauvain sich leise zurück.

Als er danach einen der inneren Gärten durchschritt, begegnete ihm der herzogliche Marschall, welcher ihn vor nicht langer Zeit mit Ruys Schwert zum Ritter geschlagen. Gauvain sah den weißhaarigen Mann herankommen in seiner Schaube von Seide und Pelzwerk, durch einen langen Gang, der aus niederen Linden mit dicht ineinander verflochtenen Kronen bestand, wie ein Bogengewölb: an dessen anderem Ende öffnete sich eine kleine, von Efeu umsponnene Türe, welche jetzt den alten Feldherrn und Hofmann entließ, der sich da zu ergehen wünschte.

Für Augenblicke nur wollte Gauvains Fuß sich im Vorschreiten hemmen, aber die höfische Zucht obsiegte, und sie führte den jungen Ritter hier geradewegs dem Greise entgegen: langsam kam dieser, Schritt vor Schritt, und den Jüngling wehte es plötzlich seltsam unheimlich an, ja er rang geradezu nach Fassung in seinem Innern, als würde nun eine Entscheidung ihn antreten, ihn, der unsicher zwischen einem Abgrunde von Verzweiflung und einem blauen Himmel voller Hoffnungen umtrieb.

Da war's nun an der Zeit, mit Ehrerbietung zu grüßen. Und der Gruß ward so freundlich erwidert, daß alle Beängstigung sich minderte.

»Sieh da, mein Schwertpatenkind«, sagte der alte Herr. »Wollt Ihr, mein Sohn, einem alten Manne ein wenig Gesellschaft leisten?«

Gauvain verbeugte sich, nach der Sitte der Zeit nicht tief, sondern leicht, und ein klein wenig seitwärts in den Hüften gedreht.

Die Sonne lag mit vielen weißleuchtenden Lichtpfeilen zwischen den Blättern.

So gingen sie denn nebeneinander, Herr Gauvain mit zurückgezögertem Schritt, den die Langsamkeit des Alten und die Ehrfurcht vor diesem dem Jünglinge auferlegte.

Wie aber ein solcher, ist er nur echt und gut, vor greisen Augen jene Sprödigkeit und Verschlossenheit nicht kennt, die überall sonst als ein ihn selbst oft drückender Sperring das Herz umlagern – so empfand es Gauvain als Wohltat, ja als löse man ihm nach langem Ritte den Panzer, als der Marschall geradewegs in den Kern der Sachen griff, die hier den jungen Rittersmann so sehr und so schmerzhaft bewegten.

»Ich seh' Euch trübe in diesen letzten Tagen, Herr Gauvain. Item, seit des Herrn von Fronau Ankunft. Die aber sollte Euch gerade so nicht stimmen.«

»Wie denn anders?« fragte Gauvain einfach und mit leiser Stimme.

»Glaubt mir, junger Herr, oft will einer aus einer Not des Herzens gar nicht herausschauen in die Welt, obwohl dort ein einziger Blick den Ausweg zeigen könnte. Aber es will und liebt diese Not zu sehr ihre eigene Blindheit.«

»Ich glaube jedoch mein Unglück ganz deutlich zu sehen.«

»Aber eben nur dies; und Ihr geht darin befangen wie ein Mann im tiefen Walde. Scheut nicht die Axt des Verstandes, welche Euch den Weg freihauen kann; und vielleicht seht Ihr dann ins Freie und in eine Sonne, von der Ihr Euch nicht träumen ließet.«

»Ich habe nicht gewagt, mir Hoffnung zu geben, und wenn, so unterdrückte ich sie bald wieder.«

»Hier handelt sich's, mein Freund, nicht um Hoffnung oder Furcht. Beide für den Augenblick zu überwinden sei Euch von mir empfohlen. Aber, in welche Sache immer uns das Leben nun einmal hineingestellt hat: man muß sie führen. Man muß sehen, was sich dabei tun läßt. So gibt man dem nach Gottes Willen schon fliegenden Pfeil erst seine Spitze, in welchem seltsamen Kunststück sich aber, wie mir scheint, Würde und Wert des Menschen eigentlich erweisen. Dazu gehört nichts als ein klarer Blick und eine durch ihn bezwungene ruhige Hand. Wenn ein Staatsmann, ein Feldherr, ein Künstler sich dieser Tugend bedienen, denen ihre großen Sachen, einmal erschaut und erkannt, auch Kraft und Demut zu allem Kleinen geben, was dabei fortwährend wird zu verrichten sein: dann sehe ich nicht ein, warum ein Liebender es nicht soll ebenso machen können in seiner, wie ich auch heute, als alter Mann, noch recht wohl weiß, keineswegs geringen Sache.«

Er schwieg, hielt im Gehen an und blickte zwischen die weißleuchtenden Sonnenflecken im Geäst, und sein Antlitz schien durch Augenblicke erleuchtet, als erhöbe sich für ein kurzes wieder der Sturm längst vergangener Jahre in dieser Brust.

Bei dem Worte »ein Liebender« hatte Gauvain den Blick tief zwischen die Kiesel des Weges gebohrt, die er dabei ganz groß sah, und eine heiße rote Welle war an seinem Halse hochgeschlagen, so daß er die Seide seines Rockes rundum als kühl empfand.

»Jedoch wüßte ich nicht, was jetzt zu tun wäre«, sagte er endlich, den Blick noch immer am Boden.

»Gut zuhören, junger Herr, und die Sachen klar ins Auge fassen. Das Übrige kommt von selbst.«

Diese letzten Sätze sprach der Marschall mit großer Genauigkeit und einiger Schärfe. Er schien nun erst an einem Punkte zu halten, zu welchem er wohl schon vom Anfange dieser Unterredung an sich hinbewegt hatte; und aus der mit Wohlwollen dargebotenen Schale einer bloß aufnehmenden Anteilnahme sprang jetzt ein klarer Strahl verfolgten Zwecks.

Gauvain fühlte das. Er fühlte zugleich, daß hier ein Neues ins Spiel trat, ein Fremdes ihn berührte, und schon wollte er davor zurückweichen in den verworren durcheinanderwachsenden Wald seiner Sehnsucht, Qual, Hoffnung und Verzweiflung – weil ihm die Befangenheit darin besser dünkte als jedweder kluge Einblick von außen her: aber die plötzlich entfachte Hoffnung war es jetzt, die sein Gehör erschloß.

»Wie gerne werde ich Euch zuhören, ehrwürdiger Herr, und wie aufmerksam auf jedes Eurer Worte merken und, wenn ich nur irgend kann, Euren Rat befolgen!« rief er lebhaft.

»Recht so«, sagte der Marschall, über dessen feine Züge ein Lächeln zu huschen schien. »Zuvörderst das eine: Glaubt Ihr, daß Euer gewesener Herr noch an eine Werbung bei der Herzogin denkt? Denn man kann, strenggenommen, nicht eigentlich sagen, daß die Zeit hiezu abgelaufen wäre. Vielleicht wollen einzelne hier bei Hofe – im Gegensatze zur Mehrzahl wohl – in diesem Zögern sogar eine besondere Betonung des Schicklichen erblicken. Hat der freie Herr von Fanez darüber nie zu Euch gesprochen?«

Gauvain merkte wohl, daß es dem Marschall darum zu tun war, hier etwas zu erfahren; und er glaubte im Augenblicke auch, daß es nicht nur diesem, sondern seiner eigenen Sache dienlich wäre, wenn er nun das Genaue, das er von Ruy wußte, hier ebenso genau aussagen würde. Jedoch, er vermochte es nicht, aus dem Zusammenhange einer mit seinem einstmaligen Herrn verbrachten und unvergeßlichen Stunde hier kurzerhand eine Auskunft herauszulösen, die als solche gar nicht gegeben worden war. Vielmehr schien ihm, als hätte Herr Ruy von Dingen gesprochen, die für ihn unermeßlich bedeutender sein mochten als etwa die Absicht, zu werben oder nicht zu werben: und so hatte er ja auch seine Entscheidung für das zweite nur beiläufig einfließen lassen in ein Gespräch, das in seiner Art für Gauvain einzig dastand. Nicht über den einen bestimmten und erklärten Punkt zu schweigen hielt sich der Jüngling jetzt für verpflichtet: wohl aber aus jener seltsam vertraulichen Stunde, da die Sonne bereits hinter die Zinnen und Kirchturmnadeln der Stadt am Himmelsrande gerückt war, durchaus kein Mittel zu irgendwelchem Zwecke zu machen, sei es nun zu welchem immer. Ja, als ihm solches nur in der Vorstellung anrückte, schämte sich Gauvain sehr.

»Darüber habe ich ihn nie sprechen gehört«, sagte er also.

»Das ist für Euch zu bedauern«, sagte der Marschall. »Des freien Herren von Fronau Ankunft macht zudem Herrn Ruy ein rasches Handeln bereits unmöglich, da es ihm nicht wohl anstehen möchte, nun plötzlich Eile zu zeigen. Was aber Herrn Gamuret anlangt, so sieht mir dieser ganz nach raschem Handeln aus und ohne sonderliche Scheu, sich über höfische Sitte hinwegzusetzen, wenn er seine Stunde für gekommen vermeint. Daß er sich hierin jedoch irrt, würde ich ihn gerne auf schickliche Art wissen lassen.«

»Wie wollt Ihr dies tun – und, worin, sagt Ihr, irrt sich Herr Gamuret?«

»In der Herzogin. Ich sprach mit ihr, und es gelang mir, ihr klarzumachen, daß Herr Gamuret der geeignete Mann nicht wäre, einen Herzog von Montefal abzugeben, mag er sonst ritterliche Tugenden haben wie immer, welches zu bestreiten oder auch nur im mindesten anzuzweifeln von mir ferne sei.«

»Es gelang dies also ...«, sagte Gauvain und verwunderte sich über seine sprechenden Lippen. Sein Herz stand plötzlich in einem leeren Raum und sehnte sich nach der Wärme und Berührung des übrigen Körpers.

»Ja, es gelang. Zudem, so einhellig der Staatsrat einer Verbindung mit Herrn Ruy zugestimmt hätte – so geteilt verhalten sich dort Meinungen und Stimmen, was jenen deutschen Herren angeht. Während die einen in ihm den zu begrüßenden künftigen starken Herrscher sehen wollen, ist man auf der anderen Seite geneigt, die völlige Fremdheit seines Blutes und seiner Art für bedenklich zu halten, wobei einige sagen, er könnte dann das Land in sinnlose kriegerische Abenteuer stürzen oder etwa im Inneren eine eigenwillige und gewalttätige Hand zeigen. Überdies aber werde es schwer sein, ihm zu raten, da bei seinem unstreitig etwas rauhen und störrischen Wesen der Staatsrat jenen Einfluß, den er bis nun zum Wohle des Landes entscheidend besitzt, bald verlieren müßte. Zu jenen, die so denken, gehöre auch ich.«

Nur wie man einen Punkt ausnimmt, nur ganz ferne, nur mit der obersten und dünnsten Schichte des Verstandes, merkte Gauvain allmählich, daß hier jemand sich anschickte, auf eine völlig unbegreifliche Weise für ihn selbst die Partei zu nehmen.

»Wenn nun«, fuhr der Marschall fort, »wir in einiger Gewißheit uns befänden, was die Absichten des freien Herren von Fanez angeht, das heißt, wenn uns etwa mit Sicherheit bekannt würde, daß von seiner Seite eine Werbung nicht mehr zu erwarten sei, dann würde sich eine Möglichkeit eröffnen, von der ich, zusammen mit dem überwiegenden Teile des Staatsrates, denke, daß es die allerbeste wäre. Darum, Herr Gauvain, bringt in Erfahrung, was Euer gewesener Herr zu tun oder zu lassen gedenkt, welches Euch ja nicht schwerfallen kann.«

»Nein, freilich nicht«, sagte Gauvains Mund, der da vor dem eigenen Antlitze sprach und wie losgelöst davon, so daß sein Eigner den redenden Lippen gleichsam zusah.

»Nun denn! Ein zweites geht Herrn Gamuret an. Ihm wäre auf freundliche und auf die richtige Art zu bedeuten, daß seine Werbung viel Aussicht nicht hätte und daher besser unterbleiben würde. Niemand kann für dieses Geschäft geeigneter sein wie Herr Ruy de Fanez, wenn anders er nicht selbst noch an den Sachen teilnimmt, was ihm dann freilich unmöglich machen würde, dem Fronauer einen solchen Rat zu geben.«

»Und nun, ehrwürdiger Herr«, sagte Gauvain, der jetzt plötzlich und zu seinem eigenen Schrecken, einen Vorstoß wagte, »wenn mein einstmaliger Herr dies nun täte, und mit Erfolg . . .?«

»Dann werdet Ihr um die Herzogin werben, und mit Erfolg«, antwortete der Marschall in aller Ruhe.

Und also geriet Gauvain mit seinem Vorstoß auf den hervorschießenden Strahl des Lebenswassers, den er hier selbst in plötzlicher Kühnheit aufgebohrt hatte wie ein Bergmann: und schon stieg die heftige Flut in allen Stollen und Gängen seines Innern, während sein Kopf von des Marschalls wenigen knappen Worten dröhnte, wie ein Turm, in welchem die Glocken geläutet werden und dessen Schallöcher brausen. Einmal in Bewegung geraten, einmal aus jener Starrheit gefallen, in welcher er bisher dem Leide standgehalten hatte, ward es ihm furchtbar schwer, sich hier und jetzt zu bemeistern. Das Blut stieg in das Haupt, das Herz lärmte in der Brust, jeder Lichtpfeil der Sonne, die durch das Laub blitzte, ward erregend auf ihn abgeschossen, und von seinen Füßen her wuchsen die Kiesel zu ihm herauf, als ginge er klein und plattgedrückt kaum zwei Fuß hoch über dem Boden, der zugleich wie unter fließendem Wasser lag. Nie noch hatte ein diesem vergleichbarer Zustand ihn befallen. Und jene von rasendem Herzklopfen zerrissenen Augenblicke damals im Walde, als er mit den tobenden Rossen gekämpft hatte, während sein Herr, das blanke Schwert in der Faust, einem braunen Berge entgegengerannt war, der sich wie aus einer anderen Welt auf den glatten Nadelboden des Weges schob – jene Augenblicke waren, mit diesen hier verglichen, mit diesem äußerlich ruhigen Gehen und Stehen in dem Laubgange von Linden, eher gesammelte als wild erregte zu nennen.

»Eure einfache ritterliche Geburt«, fuhr indessen der alte Herr zu sprechen fort, und zwar im Tone eines erläuternden Vortrages, »bildet kein Hindernis. Denn auch bei jenen beiden freien Herren hätte sich der Staatsrat ebenso mit dem verhältnismäßig niedrigeren Stande des erwählten Gemahles zu befassen gehabt, item mit dessen Erhebung zur Herzogswürde. Unsere gnädige Frau konnte wohl auch, als sie, zum zweitenmal Witwe geworden, ihren seltsamen Entschluß faßte, nicht erwarten, daß gerade ein regierender Fürst das Abenteuer im Wald von Montefal würde bestehen wollen, um ihre Hand zu erringen. Fürstliche Personen pflegen sich ja allermeist um anderes zu kümmern als um Lindwürmer. Genug an dem: Ihr seid ritterbürtig und zum Ritter geschlagen. Ich kann Euch jetzt und hintnach sagen, daß ich dies letzte damals beschleunigte, so gut es angehen mochte, denn sehr bald, junger Herr, hat mein Auge auf Euch geruht. Nun, Ihr habt den Wald durchritten und der Bedingung unserer Herrin Genüge getan. Auch ist's meine Meinung, daß man rasch hochzeiten sollte: denn ein seltsamer Zufall brachte zwar, nach jahrelangem Warten, drei Herren aus dem Wald, von denen jedoch einer nicht werben will, der andere nicht werben soll – dafür aber der dritte, und das seid Ihr, der Herzogin sehr wohl zu gefallen scheint. Sollen wir da die Wartezeit noch ins Ungewisse verlängern? Ihre Gnaden sehnen sich nach einem jungen Gemahl, werden aber dabei, mit Verlaub, auf die Länge auch nicht jünger. Ihr seid wohlbeschaffen, sittsam und klug, Herr Gauvain. Ihr werdet nicht eigenwillig sein und nicht glauben, von den Staatsgeschäften mehr zu verstehen als betagte und erfahrene Männer, die seit Jahrzehnten mit nichts anderem befaßt sind. Ihr werdet Euch raten und lenken lassen, ich glaube es von Euch erwarten zu dürfen. Schlagt ein! Ich würde unter solcher Bedingnis der Eure sein und Eure Sachen gut führen; und, im Vertrauen gesprochen: es wäre mir ein Leichtes. Ihr aber geht heute noch und ungesäumt zu Eurem einstmaligen Herren und beredet Euch mit ihm, wovon ja alles abhängt, und weiterhin auch wegen des Fronauers. Alsdann laßt mich's wissen.«

Und vor Gauvains Augen erschien, von Sonnenflecken gestreift, das Schicksal selbst in Gestalt einer weißen glatten Hand, die aus dem Pelzbesatz eines Brokatärmels hervorglitt und sich ihm geöffnet darbot: und auch diese Gestalt schien ihm größer und furchtbarer als einst des Wurmes Haupt, wie es sich aus der Tiefe des Waldes auf den nadelbraunen Weg geschoben hatte.

»Alles, alles, gnädiger Herr, verspreche ich Euch«, sagte Gauvain mit dem letzten, was er an Stimme noch aufbrachte, ergriff die Hand des Marschalls, beugte sich darüber und küßte sie.

Wie Gauvain, nachdem der Marschall ihn beurlaubt, aus dem Lindengange hinausgekommen war, das wußte er selbst nicht, da er schon geradezu um sein körperliches Gleichgewicht kämpfte, um beim Gehen nicht zu schwanken. Endlich aber stille zu stehen oder zu sitzen – wozu hier in den Gärten manches marmorne Rund einlud – gelang ihm jedoch nicht. So schritt er immer weiter und empfand seinen Leib wie eine aus den Angeln gehobene Tür, die nur leichthin am Pfosten lehnt. Er fiel unsicher hinaus in die Fülle der Sonne, in das Blau, in die brennenden Farben der von weißen Mauern herabträufelnden Blumengewinde, irrte mit dem Blick auf dem flitternden Spiegel von Teichen, die sich darboten, und sah dahinter die blauen Schatten des Schloßdoms über Blüten ragen. Im Vorbeigehen bot er einer Gruppe von ballspielenden Damen des Hofes den Gruß mit abwesenden Augen und mit Gliedern, die er wie von Holz und nur an der äußersten Oberfläche als sein eigen und ihm gehorsam empfand. Eine große rotblonde Frau sah ihn verwundert an, wandte sich dann um und schleuderte kräftig den Ball.

Wie ein Stein lastete seltsamerweise des Marschalls Auftrag Gauvain auf dem Herzen, welches allem anderen eher geneigt war, denn einem Zwecke nachzugehen: gerade dies aber sollte ihn ja zu Herrn Ruy führen.

Als er sich dabei vorstellte, wie und was er nun seinen einstmaligen Herrn zu fragen hatte – da unterbrach er endlich und plötzlich sein rasches Gehen, und eine Ruhebank war ihm willkommen. Sie, zusammen mit dem fernen dunstigen Himmelsrande über Terrassen und Gärten, ließ ihn erstmalig wieder aufatmen, und schon kam, wie ein weicher Sommerwind, der Einfall angeflogen, einfach hier zu verweilen und zu bleiben, den Dingen ihren Lauf und den Auftrag des Marschalls vorüberziehen zu lassen, wie jene Wolken, die hier selten und einzeln am Himmelsrande erschienen, ein Weilchen still lagen und dann vergingen wie die Tage, wie die Wochen auf Montefal. Gauvain wurde ruhig.

Ihm gegenüber sprang jemand von einer hohen marmornen Stufe auf den Kies, lief herzu und blieb mit höfischem Gruße vor ihm stehen.

Es war sein Bube, auf welchen er völlig vergessen, dem er aber, des Alleinseins bedürftig, vor Stunden befohlen hatte, ihn an diesem Platze hier zu erwarten.

»Geh zu dem freien Herrn von Fanez und melde ihm mein Kommen«, sagte er zu dem Knappen.

Zur Zeit als Gauvain unter den gekrümmten Linden sich unvermutet den Marschall gegenübergesehen hatte, war Herr Ruy noch im Schlafe verblieben; und wenn nicht gerade in dem eines ausgemachten Gerechten (denn diese Figur gibt ein »irrender Ritter« schwerlich ab), so doch im Schlaf eines Mannes, der von den Dingen dieser Welt allseits genügend Abstand genommen hat, um in ihrer Mitte zu ruhen.

Am Himmel änderte sich wenig, noch stand die Sonne hoch. Grüner Blätterschatten überdeckte das Ruhelager und auch den schweren Sessel, gegen dessen eine Armlehne geneigt Patrik schlief, das kleine englische Grafenkind, hell, frisch und rötlich, als hätte man einen Ährenbund mit Feldblumen dort in das Gestühl gelegt.

In diese Stille huschte plötzlich, aus der Galerie hervorkommend, ein zweifarbig gekleideter flachsblonder Junge, warf einen raschen Blick auf den schlafenden Herrn Ruy und versetzte dann Patrik einen kräftigen Rippenstoß; worauf der kleine Engländer mit einer blitzschnellen Bewegung seines schlanken Beines den Störenfried sehr wohlgezielt in den Bauch trat, mitten aus dem Schlafe heraus. »Wach auf, Patrik«, tuschelte der Ankömmling (als würde solch ein Tritt nicht das Wachsein ausreichend beweisen) – »es kommt wer zu deinem Herrn!«

»He da?!« rief jetzt Ruy von seinem Ruhebett her, der durch das kleine Zwischenspiel ermuntert worden war.

Sogleich ließ der blonde Störenfried von Patrik ab, eilte vor das Lager hin, drehte eine Verbeugung aus den Hüften, die sich bei jedem Zeremonienmeister hätte sehen lassen können, trat zurück und trug mit heller, wohltönender Stimme das folgende vor:

»Gnädiger Herr! Gamuret, freier Herr zu Fronau, Pfleger zu Orth und Herr von Weiteneck, schickt mich zu Euch, um zu fragen, ob Euer Gnaden ihn wollten empfangen.«

»Lauf!« sagte Ruy, »und bring deinem lieben, edlen Herren meinen besten Gruß, es möchte mir eine besondere Freude machen, ihn hier sehen zu dürfen.«

Bald danach kam der Fronauer durch die Bogengänge und hängenden Gärten unter Vorantritt seines Bubens herauf und stand jetzt über Herrn Ruys Ruheplatz am oberen End' einer kleinen Treppe vor dem blauen Himmel. Die Sonne brach durch sein weizenfarbenes Haar, welches ganz licht und leicht aussah, wie das Sonnengold selbst.

Herr Ruy eilte dem Gast mit ausgestreckten Händen entgegen.

»Ich komm, mit Euch vertraulich zu sprechen und ein offenes Wort, Herr Ruy«, sagte der Fronauer und stieg die Stufen herab. Er trug einen breiten Rock von blauer Seide, über welchem der hirschlederne Gürtel lag. Am Halse und an den Schultern war weißer Pelz.

Die Buben liefen mit frischem Wein, Backwerk und Früchten.

»Sprecht doch«, sagte Ruy, »Ihr könnt eines brüderlichen Herzens versichert sein.«

»Ich will Euch fragen«, sagte der Fronauer gradaus und ließ sich in den schweren Sessel nieder, worin früher Patrik geschlummert hatte – »ob Ihr noch zu werben gedenkt?«

»Nein, Herr Gamuret«, antwortete Ruy ebenso, »ich will's nicht tun.«

»Dann soll ich es wohl.«

»Steht Euch denn der Sinn nicht ganz und gar danach?«

»Nein. Das wäre gelogen, wollt ich es sagen.«

»Niemand nötigt Euch zu Eurer Werbung, Herr Gamuret.«

»Nein. Jedoch, soll all die schwere Fahrt umsonst getan sein, die Angst umsonst erlitten, das wochenlange Reiten durch Wald und wieder Wald, als ritte man am Grund des Meers? – Nun, Ihr habt das selbst erlebt. Mir will's nicht in den Kopf, daß ich weiter soll, ohne den Preis zu nehmen.«

»Ist aber, so scheint es, für Euch gar kein Preis«, sagte Ruy lächelnd.

»Nun ja, immerhin, die Sachen würden am End noch eine Vernunft bekommen, mit diesem Herzogtum hier. Ach, ich fühl mich da fremd, wie bei den Türken. Und sagt, Herr Ruy – Ihr, für Euer Teil, Ihr lasset dies so fahren?«

»Darum heiß ich ja ein fahrender oder irrender Ritter«, antwortete Ruy lachend. »Nein, sie gefällt mir nicht, die verehrungswürdige Dame, das ist's ganz einfach. Warum soll ich in einen Apfel beißen, bloß weil er Apfel heißt? Gegen derlei möcht ich mir meine Freiheit gewahrt haben. Jedoch versteht mich wohl: gefiele sie mir, dann hätte ich längst gebissen. An der Gelegenheit hat's ja nicht gemangelt.«

Der Fronauer hob den Kopf und sah Ruy aus seinen hellen Augen lange an.

»Da seid Ihr im Rechten«, sagte er dann. Aber diese klare Einsicht, welche durch Augenblicke in seinen Zügen stehengeblieben war, zerfiel schon wieder unter den Schatten des Zweifels, die jetzt darüber hinliefen. Man konnte es diesem Antlitze entnehmen, daß solcher Wechsel des Lichts in den letzten Tagen ein häufiger gewesen sein mochte, ja ein ermüdendes Hin- und Widerspiel. Herrn Gamurets Gesicht sah ein wenig matt aus und zerarbeitet. Er beugte sich jetzt vor, legte die breite Hand auf die Kante des Tischchens, das zwischen ihm und Ruy stand, und sagte, indem er seinem Gegenüber in die Augen sah, mit einer ganz plötzlich offenbar werdenden Hilflosigkeit: »Wollt Ihr mir raten?«

»Soll ich's denn wirklich?!« antwortete Herr Ruy und sah dabei vielleicht ernsthafter drein, als er merken lassen wollte.

»Ja, doch! Ich bitte Euch darum.«

Mit einer lebhaften und anmutigen Bewegung erhob sich nun der Spanier von dem Ruhebett, darauf er gesessen, und tat ein paar Schritte unter dem Blätterschatten, bis dahin, wo die Sonne schon auf Kies und Fliesen lag und die Gärten treppab, treppauf in sie hineinliefen: hier stand Ruy unter dem Rund der Laube und gerade vor dem offenen blauen Himmel, während er sprach:

»Hängt Euer Herz nicht, woran es nicht hängt, Herr Gamuret. Zu solchem rät uns nur der Rest von den vielen alten Männern in unserem Blut, die unsere Vorfahren waren, noch jung zwar, da sie zeugten, jedennoch dann wieder mitgealtert im Nachfahren, so daß aus dem Sprößling ein ganzer Chorus von Greisen schon spricht, die allesamt nichts wollen, als ihm die blühende Jugend rauben und ein Grab aus seinem Leben machen, derweil es noch währt. Jener Rest ist's, dem wir stets einen Zweck beweisen sollen, bei allem was wir tun, sonst wirbelt er auf wie der Satz im Glase und trübt uns den Wein. Jedoch soll man sich dessen entschlagen und frisch einschenken. Da draußen, Herr Gamuret, liegt Eure Ritterschaft. Ihr vor allem ist die schwere Fahrt zu Nutzen, die Ihr getan habt. Ein ungeliebtes Weib, mein ich, wäre dafür ein armseliger Preis. Darum ist mein Rat: streckt hier die Glieder noch, so lang es Euch behagt, wie auch ich das getan habe, und sodann schlagt den alten Männern ein Schnippchen und reitet.«

»Ja, so ist's!« rief rückwärts der Fronauer, »Ihr gebt, Herr Ruy, den Ausschlag, um welchen ich mich vergeblich bemüht habe.« Er stand nun gleichfalls auf, trat nach vorne, unter den Bogen von Blättern und hängenden Blüten, neben den Spanier.

»Seht hin, wie schön das liegt!« sagte dieser lächelnd und wies hinaus, »Burgen und Dörfer, und der Straßen stäubende Bänder ...«, er brach ab, und sein Antlitz verdüsterte sich für eines Gedankens Länge.

»Ja, es liegt schön ...«, sprach Herr Gamuret langsam nach. Er hob den Kopf, ließ das Auge in der Ferne schweifen, und seine linke Hand spielte an dem Gehenk. So breit er hier stand, was durch den Schnitt des Gewands noch verstärkt ward: dies Antlitz war das eines aufatmenden Kindes. Herr Ruy bemerkte es wohl.

»Seht«, sagte er, als sie wieder zum Weine zurückgekehrt waren, »mir erschien gleich am ersten Tage, als Ihr in dem Saal von Weiß und Silber der Herzogin Eure Fahrt erzähltet, die Frau Eurer Art ganz fremd und deshalb auch nicht wert. Sie stellte Euch auf eine Probe damals, welche Ihr wohl bestanden habt, die aber mich für mein Teil ergrimmte. Und ich glaube, mit Recht könnte da ganz gröblich gefragt werden, ob sie selbst der ungeheuren Proben wert sei, die sie uns aufgegeben, um hintnach dann Späße zu treiben, die bei Hofschranzen angebracht wären, nicht aber bei einem freien Herrn.«

»Welche Späße?« fragte der Fronauer.

»Ihr dürftet Euch erinnern«, fuhr Herr Ruy fort, »daß die Herzogin kurzerhand anzunehmen schien, Ihr hättet das mitgebrachte violenfarbene Horn dem Drachen selbst vom Haupte geschlagen, und Euch solches geradezu in den Mund legte: worauf Ihr widerspracht und erzähltet, Ihr hättet das seltsame Ding am Wege gefunden.«

»Wohl, so war's ja.«

»Sie aber wußte das schon, das heißt, sie hatte längst erfahren, daß solch ein Horn im tiefen Wald am Wege lag und kampflos zu haben war.«

»Wie das?« rief der Fronauer erstaunt.

»Sie wußte es von mir«, antwortete Ruy. »Ich selbst schlug dem Drachen jenes Horn ab, welches Ihr dann brachtet. Jedoch ließ ich's damals liegen in dem Gebüsche, wohin es durch den Schlag gesprungen war, aus Erregung und Ermattung nach der ausgestandenen Todesangst völlig dieser Beute vergessend. Das hatte ich der

Herzogin genau berichtet, in dem gleichen Raume sitzend, ja, auf dem gleichen Sessel wie Ihr. ›Wo habt Ihr jenes violenfarbene Horn?‹ fragte sie mich damals. ›Es liegt wohl noch immer in dem Gebüsche rechts des Weges‹, gab ich zur Antwort. Nun ist Euch, Herr Gamuret, wohl erinnerlich, daß Ihr besonders befragt wurdet, wo das Horn von Euch entdeckt worden sei.«

»Ja, ich erzählte, wie die Hunde es aufstöberten.«

»Damit also erwies sich, daß ich nicht geflunkert hatte. Jedoch hätte sie vorher gerne Euch zum Flunkern gebracht und schob's Euch deshalb ganz annehmbar hin, daß Ihr dem Drachen diese Zier rauben konntet. Versteht mich nun recht: wem wäre es zu verübeln gewesen, wenn er, um eine Frau sich bewerbend, solcher kleinen Schwäche nachgegeben hätte, wozu ja nicht einmal nötig gewesen wäre, den Mund großsprecherisch aufzumachen, sondern durch ein Nicht-dawider-Reden, welches, wie die Alten schon sagten, eben die Zustimmung bedeutet? Versteht mich recht, Herr Gamuret, und daß ich nicht Eitelkeiten hier das Wort reden möchte – jedoch, nach solch schwerer Fahrt solch leichte kleine Schwäche aus jemand hervorlocken zu wollen ist kein Kunststück und hätte bei dem besten Mann gelingen können. Bei Euch ist's nicht gelungen. Aber, glaubt mir, wär ihr's geglückt – nun, sie hätte Eurer nicht geschont.«

»Ja, ja«, sagte der Fronauer langsam und nachdenklich, »so fühl ich auch die Wesensart unserer gnädigen Frau, gleich zu Anfang, wenn auch so deutlich nicht. Nein, unter diesen Schatten möcht ich mein Haupt nicht zur Ruhe legen. Da müßte einer noch Knabenart haben, um an derlei ein verehrungsvolles Gefallen für die Läng' zu finden.«

»Das sagt Ihr treffend!« meinte Ruy.

»Eines versteh ich nun besser«, fuhr der Fronauer fort und begann zu lachen, »was sich mir bei den Versespielen zeigte, Ihr erinnert Euch, daß man derlei während der ersten Tage meines Hierseins fast täglich trieb. Es war ja kein rechtes Dichten, wie wir's daheim im ritterlichen Brauch haben und worauf Ihr Euch, Herr Ruy, wohl zu verstehen scheint, wie ich bemerkte – sondern diese Verschen und Liedchen waren allermeist und mit wenig Ausnahmen eitel Spötterei und Klugtuerei, was mir im Grund zuwider. Nun gab's da einmal eine Zeile der Herzogin, in einem Blason, wie man solche Lieder französisch nennt. Sie sang's zur Laute, deren Griffe Herr Gauvain ihr beigebracht hatte. Jene Zeile hieß etwa:

›Klüger als sein Gesicht, darum nicht eitel ...‹

oder sonst auf diese Art. Sie lachte mich dabei an und schürzte die Lippen ein wenig. Heut erst weiß ich, daß dies einen Pfeil bedeutete, auf mich abgeschossen, und sie hat also angenommen, daß ich ihre Probe damals durchschaute und auf der Hut war und: – ›darum nicht eitel‹. Es scheint mir aber, ich war noch viel dümmer als mein Gesicht.«

»Vielleicht glaubte sie auch, Ihr hättet indessen mit mir bereits von den Sachen gesprochen«, warf Ruy dazwischen.

»Wohl«, sagte der Fronauer, »mag's sein wie immer. Ich laß' den Packen hangen, wie man bei uns daheim spricht.«

»Und nun, Herr Gamuret«, sagte Ruy, nachdem die Buben neu eingeschenkt hatten, »wollt ich noch eines mit Euch reden in einem guten Vertrauen.«

»Sprecht frei, an mir wird's nicht fehlen«, rief der Fronauer und setzte den Becher hin.

»Es gibt ein armes Herz, das ist in der schwersten Not wegen unserer gnädigen Frau, was wir beide nicht so wohl verstehen dürften – item, es ist so. Steht Ihr von den Sachen ab, dann könnte geholfen werden.«

»Und Lidoine?«

»Hätte bei einer Werbung von Eurer Seite wohl möglich dem männlicheren Ansehen, dem höheren Stand, dem reiferen Alter sich verständig und allzu verständig zugewandt. Jedoch auch hier mit halbem Herzen, ähnlich wie Ihr, welches halbe Herz unsere gnädige Frau aber geschickt und trefflich zu regieren versteht, wie mir scheint. Ich hätte danach kein Verlangen. Wo aber bei einem anderen Leben und Sterben sich dran hängen will: so helf' ich gerne dazu, wenn ich's vermag.«

»Man ist in manchen Gegenden«, sprach der Fronauer langsam und nachdenklich, »vorzeiten des Glaubens gewesen, es wohne sich in einem neuen Hause dann am glücklichsten, wenn ein lebendiger Mensch beim Bau in die Grundfesten eingemauert worden sei, wozu dann allermeist ein armer Gefangener hat dienen müssen. Ich aber möchte für mein Teil nicht wohnen über einem lebendig begrabenen Herzen. Doch sagt: wer ist's?!«

»Herr Gauvain.«

»Herr Gauvain!« rief der Fronauer, und es war ihm dabei die Rührung unschwer anzusehen. »Nein, ich hab davon wahrhaft nichts bemerkt. Der junge Herr muß ja die Zähne fest zusammengebissen haben – oder es ist eben der Gamuret noch viel dümmer, als er aussieht.«

»Er hat sich bemeistert, es war aller Ehren wert und nicht leicht.«

»Das will ich glauben. Und sprecht, Herr Ruy, wie stehn die Sachen?«

»Es scheint mir, als wäre für ihn jetzt der richtige Augenblick gekommen, zu werben. Da wir beide stillhalten, wird sie einschlagen.«

»Und so bekommt das ganze Herz ein halbes dazu.«

Sie schwiegen ein Weilchen. Der Fronauer erhob sich, trat wieder unter den Blätter- und Blütenbogen der Laube vor dem Himmelsblau, wo sie beide früher gestanden waren.

»Und nun eine Bitte, Herr Ruy«, sagte er dann.

»Sie ist im voraus gewährt«, antwortete Ruy, der noch auf dem Ruhebett saß, nach höfischer Art.

»Wollt Ihr mit mir zusammen die Werbung übernehmen für den jungen Herrn bei unserer gnädigen Frau? Ihr wißt, daß dabei Zweie vonnöten sind. Und wollen wir's bald tun und damit am Hof von Montefal endlich alles außer Zweifel und in eine rechte Ordnung setzen?!«

»Das heiß' ich einen guten Einfall«, rief Ruy, sprang auf und schlug in des Fronauers dargebotene Rechte. »Und bald! Und morgen schon!«

»Und morgen schon!« wiederholte Gamuret lachend. »Jetzt zu Herrn Gauvain! Wo steckt er?«

»Da kommt er«, sagte Ruy und deutete hinunter auf den Weg über die Treppchen und Galerien, »will sagen, zunächst sein Bube. Lauf entgegen, Patrik, und melde, daß Herr Gamuret und ich mit wichtigen Sachen hier den Herrn Gauvain erwarten.«

Der kleine Engländer flog über den Kies, so schnell wie anmutig. »Der wird trefflich«, bemerkte der Fronauer und deutete hinter dem laufenden Knaben her, »ein gutes, edles Blut.«

»Ich nehm ihn mit, wann ich reite«, sagte Ruy.

Gauvain stand vor den beiden Herren, und die im Park auf der Ruhebank gewonnene Sammlung lag wie eine durchsichtige glatte Schicht über der tiefen Erregung, welche sein Antlitz darunter doch verriet. Herr Gamuret nahm ihn gleich freundlich bei der Hand und sprach ihn an:

»Herr Gauvain«, sagte er, »wir sind hier willens, Euch um was zu bitten. Es ist nichts Geringeres, als daß Ihr uns beide, Herrn Ruy und mich, erwählen sollt, falls Ihr zweier Werber bei der Herzogin benötigt wäret. Wir erhoffen solches von Euch und daß Ihr durch Eure Werbung endlich dem Hof von Montefal den Frieden wiedergeben werdet, dessen er bedarf. Wir beide können's nicht, und der Sinn steht uns ganz und gar nicht danach. Könnt aber Ihr es, dann tut's und seid unserer Personen dabei versichert und unserer Dienstwilligkeit.«

»Ihr Herren ...«, stammelte Gauvain, indessen er begriff schon, drückte erst des Fronauers Rechte und fiel dann mit beiden Händen in die seines einstmaligen Herrn.

»Wir wollen's morgen tun«, sagte Ruy.

»Wie werd ich's Euch danken!« erwiderte Gauvain, der keinerlei Versuch machte, sein Herz vor diesen Freunden zu verbergen. Er atmete tief auf. Sie traten indessen wieder hinaus, wo die Sonne sich schon zu neigen begann, so daß immer mehr von den Gärten und Zinnen in ihrem flutenden Golde versank.

Lärm, helles Gelächter, auch von Frauen, und eilige, laufende Schritte wurden über die Terrassen herauf hörbar. Ein Bube kam gesprungen, verneigte sich und sagte, die Herzogin mit etlichen Damen und Herren des Hofes käme bei einem Ballspiel durch die Gärten hier unten vorbei und wünsche die drei Herren, welche man schon erblickt, dabei zu sehen.

Sie gingen hinab.

Die Herzogin hatte das Spiel unterbrechen lassen und saß jetzt auf einer erhöhten Gartenbank aus Stein, die, halb von blauen Wicken überhangen, sich im Halbkreise hinzog. Der Hof stand, Herren und Damen, ihr zur Seite auf dem Platz mit gelbem Kies. Überall lagen die bunten Bälle umher, rote, blaue, gelbe und man trug Körbchen in den Händen, mit Bällen teils gefüllt; hineinzutreffen war die Geschicklichkeit des Spiels, und jede Partei hatte eine Farbe, die ungemischt bleiben sollte: so trachtete man die Bälle der eigenen Farbe zu fangen, die fremden zu vermeiden, welche der Widersacher arglistig und geschickt in den Korb warf.

»Hier kommen die Herren vom Drachentöter-Orden«, sagte Lidoine, während Ruy, Gamuret und Gauvain, jeder seinen Buben hinter sich, nacheinander vor sie hintraten und ihre Verbeugung zierlich aus der Hüfte drehten.

Die Bemerkung erregte bei allen Umstehenden Heiterkeit, welche man kaum zu verbergen suchte; sie lief als eine kleine Welle durch die ganze Versammlung. Lidoine lächelte auf des Fronauers mächtige Schultern herab, als dieser sich über ihre Hand beugte, und betrachtete dann dessen Knappen mit plötzlicher Aufmerksamkeit:

»Wie gern hätte ich«, sagte sie, »dich, Eric, zum Ritter schlagen lassen, da du ein Gleiches doch mannhaft ausgestanden hast wie unser Herr Gauvain. Aber mit vierzehn Jahren bist du leider für den weißen Gürtel doch noch zu jung. Nun, es wird werden. Vielleicht gelingt's dir, in das Geheimnis des Drachentöter-Ordens einzudringen, wenn du die Gunst genießest, bei den Versammlungen dieses Kapitels anwesend sein zu dürfen.«

Es kam wohl nicht so weit, daß irgendwer herauslachte, aber man spürte das Belustigtsein aller Damen und Herren geradezu aus dem Knistern der Kleider.

»Halten zu Gnaden«, sagte der Fronauer, und vielleicht ein wenig hart im Ton, »aber von uns hat keiner einen Drachen getötet...«

»Unsere gnädige Frau hält uns für strenger und ernster, als wir sind«, so warf jetzt Herr Ruy lächelnd und leicht ein, »aber es ist beileibe kein Orden, der da gegründet wurde. Nur eine fröhliche Gesellschaft von Freunden, die gerne beisammen sind.«

»Das letzte scheint mir zu stimmen«, bemerkte die Herzogin. Sie lehnte sich für einige Augenblicke mit aufgestützten Handflächen und hohlem Kreuz auf die Steinbank zurück, die drei Männer betrachtend, die wie in einer geschlossenen Front nebeneinander vor ihr standen. »Euer gutes Einvernehmen bereitet mir rechte Freude, Ihr Herren!« fügte sie hinzu, und dann: »Jedoch würde ich allzugern um Euer Geheimnis wissen!«

»Welches ist das Geheimnis, das Euer Gnaden meinen?« sagte jetzt Herr Gauvain. Er hatte sich etwas vorgebeugt und sah beinahe erschrocken aus.

»Das Geheimnis, wie man Lindwürmer, wenn schon nicht tötet, so doch mit Sicherheit in die Flucht schlägt.«

Aber hier kam der kluge Herr Ruy nicht rechtzeitig

mehr zum Reden – schon hatte der Fronauer das Wort beim Zipfel und sagte:

»Zu Gnaden – aber ich mein schier, diese Tiere mögen nicht gerne Männer von Eisen und Leder fressen. Das ist nicht ihr Geschmack.«

»Auch nicht der meine«, sagte Lidoine und maß den Fronauer von oben bis unten mit einem kurzen Blick, »wenngleich ich kein Lindwurm bin.«

Nun durften alle lachen und taten's beinah erleichtert.

»Zum Spiel!« rief Lidoine und sprang empor. »Herr Gauvain, hier, das Körbchen: Ihr nehmt gelb, meine Partei!«

Die bunten Bälle flogen in Unzahl hintereinander auf, wie eine farbige Wasserkunst. Keiner ward vom Boden genommen, man ließ die verworfenen liegen, Bediente trugen rückwärts reichlich Bedarf nach. Mit Gelächter, Laufen, Springen, Trippeln und Lärm zog sich das Spiel erst noch die äußeren Gärten entlang, wo man den eigenen Wurf kaum mehr sah, da alles in der Abendsonne schmolz. Dann ging's durch einen langen, mit farbigen Ziegeln ausgelegten hallenden Gang, nach innen, der Wettkampf ergoß sich über die Rasenflächen, der Lauf wurde noch rascher, der Wurf noch weiter, das Lachen noch verstreuter, wie von Tauben da und dort hinterm Busch: aber es waren die Damen. Man kam zu Tischen, während es dämmerte; unter zahllosen Lichtern blinkte dunkel der Spiegel des Weins in der flachen Schale, glänzten feucht die Berge von Obst, rot und salzig die Schüsseln mit Krebsen. Als der Mond, all dem Lärm doch übermächtig, rund um das Fest die Wiesen und Lauben betrat, die Teiche erleuchtete, neu und auf andere Art der Gärten tiefes Auge aufschlagend, hatte sich die zahlreiche Gesellschaft schon vielfältig zerstreut. Gauvain erlebte im Trubel einen Händedruck der Herzogin, den sie nur mit heißen Fingern gab und durch Augenblicke heftig ansteigend: ihm wurde der Arm kalt bis in die Schulter, in welche das Herz sprang. Bald danach, im Mondschein an einer Hecke, streifte Ruy an ihm vorbei. »Mach's gut, Gauvain«, flüsterte er, »morgen werben wir. Und sieh dort hinüber, damit du nicht glaubest, es würden dir Opfer gebracht.« Und er wies mit einer raschen Bewegung des Kopfes auf die Ausmündung jenes Lindengangs, wo vor vielen Stunden Gauvain, von Angst und Hoffnung gepeinigt, zögernd neben den Marschall getreten war: dort stand jetzt der Fronauer, fast ganz im Dunkel, und küßte herzhaft. Es war eine große, rotblonde Dame, die, seine Zärtlichkeiten anscheinend gerne erwidernd, ihm in den Armen lag.

4.

Am Tage nach dem Ballspiel schon standen Herr Ruy und Herr Gamuret vor dem Thronsessel der Herzogin im kahlen Saal von Weiß und Silber, jeder seinen Buben in den Hausfarben hinter sich. Der Spanier machte den Sprecher. Flüssig und wohlgeformt kamen die üblichen Sätze aus seinem Mund. Der Fronauer, schön gleich einem nordischen Apoll, sah dabei so trübselig und ratlosfeierlich drein wie die Bauern bei einer Kindsleiche.

Während Ruy in den leeren Raum vor dem Thronsessel hineinsprach – Lidoine hielt den Blick auf ihren Fußschemel gesenkt – fühlte er von rechts her, wo Fenster an Fenster hoch und breit den Blick in die Weite gab, sich seltsam klar angeschienen. Ein neuer Geschmack trat auf die sprechende Zunge. Das Auge wanderte gleichmäßig an zwei am Estrich ausgelegten Halbkreisen hin und her, roter Stein in grauem. Er sandte in währendem Vortrag einen Blick hinaus und erkannte, daß man aus diesen Fenstern hinübersah auf die Wälder von Montefal, woher er gekommen. Ein braun-grüner Streif der Ferne blieb in seinen Augenwinkeln auch noch, als er den Blick neuerdings den Figuren des Steinbodens folgen ließ.

Die Herzogin sagte das Übliche zur Antwort und daß

Herr Gauvain guten Mutes sein möge, und mit solchen letzten Worten waren nach der Sitte dieser späten höfischen Zeit Zustimmung und Einwilligung schon ausgedrückt. Herr Ruy brachte noch in einem vor, daß er Urlaub erbitte, um zu reiten, da der andere Werber, Herr Gamuret von Fronau, sich bereit erklärt habe, über die Hochzeit zu bleiben; was deshalb erforderlich war, weil einer der beiden Herren, welche die Werbung vortrugen, dann auch Brautführer zu sein hatte.

Die Herzogin warf dem freien Herren von Fronau einen kurzen und blanken Blick zu und dankte ihm.

In den Vorräumen gab es den Marschall nebst einigen Mitgliedern des Staatsrates, welche nun die herauskommenden Werber beglückwünschten. Die meisten Herren, auch der Fronauer, begaben sich zu dem Bräutigam. Nur Herr Ruy ging, von Patrik gefolgt, zurück zu seiner Behausung und zu dem Ruhebett unter dem Blätterdache.

Hier war Frieden. An den Säulen kletterten Blüten in dicken Dolden. Der warme Himmel fiel von überall her in großen und tiefen Stücken herein und wölbte drüben frei auf, über dem Horizonte.

Herr Ruy streckte sich und schloß die Augen. Wieder trat der Geschmack auf die Zunge wie dort im Saale, bitter und frisch, ein Geschmack von Kräutern, wie sie etwa in grünen, saftigen, von Bächen durchzogenen Talgründen wachsen. Unter den geschlossenen Augenlidern fühlte er gleichwohl eine Veränderung allen Lichtes rundum, als wär es dünner, aber auch reiner und glänzender. Montefal wurde ganz klein in diesem Scheine, der von außen an ihm leuchtete, es lag da wie ein Stein nur am Wege, den man verläßt.

Noch hatten Herr Ruy auf seinem Lager und Patrik in seinem großen Stuhle nicht lange geschlummert, als ein Kämmerer Lidoinens eintraf und Herrn Ruy meldete, daß die Herzogin ihn vor seinem Abritte noch besonders zu beurlauben wünsche.

So stand er denn an dem Tag, welcher dem Morgen seines Ausreitens voranging, noch einmal in dem Saale von Weiß und Silber, diesmal in einer Fensternische, und ihm gegenüber die Frau, welche einst eines großen Abenteuers Ziel hätte sein sollen, aber es nicht hatte werden können, da über dieses Abenteuer hinaus kein Ziel mehr wies. Während sie sprach – alles, was sie sprechen mußte, um eben das nicht zu sagen, was sie nicht aussprechen durfte –, während sie davon sprach, daß ihrem Kanzler Auftrag gegeben sei, für Herrn Ruy ein Schreiben auszufertigen, welches ihm noch für das ganze herzogliche Gebiet, soweit sein Weg ihn hindurchführe, jede nur erdenkbare Hilfe all ihrer Bürger und Edelleute sichere – während solcher Reden hatte Herr Ruy den Blick drüben auf den Wäldern.

Sie lagen gegen den Himmelsrand, mit dem graugrünen Schaum der Laubkuppeln vornean, darin da und dort ein bräunliches warmes Leuchten stand, und dahinter, etwas erhoben, der dunkle Strich der Nadelbäume.

»Wohin wird Euch der Weg führen?« sagte Lidoine und sah hinaus. Es klang mehr wie das träumerische Aussprechen eigener Nachdenklichkeit als eine gestellte Frage.

Herr Ruy antwortete auch nicht sogleich.

Er sah zu den Wäldern hinüber, und ihm schien dahinten irgendwo ein Punkt zu sitzen, von welchem ein tiefgrünes Leuchten ausging, doch nur für einen Augenblick. Über dem Kimm der waldigen Wellen spannte der Himmel wie blaue Seide. Die Luft schien völlig still und in ihr alles eingegossen wie in Glas.

»Ich kann's nicht wissen«, sagte er kurz.

Es wurde Herbst, das war's, nun wußte er's plötzlich. Dieses Herbsten war ihm seit Tagen bemerklich gewesen – soweit hier, in einem Lande, das südlichen Gärten glich, der Jahrzeitwechsel deutlich gefühlt werden konnte. Aber, blieben gleich die Dolden und Trauben von bunten Blüten in den Gärten, so war's das Licht, die Luft um sie, was sich zart und wie besonnen veränderte.

Zwei Edelknaben traten ein. Sie trugen zwischen sich auf einem Kissen ein langes, schlankes Schwert.

»Dies ist für Euch, Herr Ruy«, sagte Lidoine. »Führt es in Euern wohlbewährten Ehren und Eurer Tapferkeit. Und wenn Euer Auge auf dem Griffe ruht, dann gedenkt des Abenteuers, das Euch hierher gebracht hat.«

Sie nickte ihm zu, über ihr schmales Gesicht zuckte es kaum merklich, sie reichte ihm die Hand, und eh er noch aus dem Verbeugen sich wieder aufgerichtet hatte, ging sie von ihm fort und durch den Saal davon.

Ruy blieb in der Fensternische stehen. Er hob die Waffe von dem Kissen, das ihm die Buben darboten, und zog die Klinge aus dem Gehenk. Sie war von arabischer Arbeit, wohl das edelste, was er je in Händen gehalten. Im Kreuzgriff bemerkte er nun ein Stück von dem violenfarbenen Horn eingesetzt, das er dem Wurm vom Haupte geschlagen hatte. Und es war dieser kleine Teil von dem Drachenhorn seltsamerweise fast durchsichtig, so bearbeitet wie hier, eirund geschliffen wie eine Perle. Herr Ruy erhob den Griff gegen das Fenster und das herbstliche Sonnenlicht. Im innersten Mittelpunkte des geschliffenen Horns, das nun einem blassen Mondsteine glich, leuchtete es durch einen Augenblick tiefgrün auf.

Am Morgen warteten im äußeren Hof bei der Brücke die Freunde, Herr Gamuret und Herr Gauvain, zum Abschied.

Schon führten die Knechte Reitpferde und Tragtiere auf und ab, und Patrik sah ernsthaft und umsichtig alles noch einmal nach, die Hufe, das Zaumzeug, Sättel und Packsättel. Herr Ruy kam über den Hof.

Es wurde ein klarer, warmer Tag.

Schon war die Zugbrücke herabgegangen. Unter dem mächtigen Bogen des Torturms von gelbem Mauerwerk lag noch ein Stück des sich wendenden weißen Straßenbandes draußen sichtbar, das grüne Land dahinter, dann der Himmelsrand, und über diesem etwas Dunst in der

Ferne, worein die Umrisse einer, wie es schien, größeren Stadt schnitten.

Die Freunde umarmten einander.

Gamuret streichelte Patriks rötliches Haar: »Mach's recht, mein Bub, und dien ihm gut, deinem Herrn.«

Die Pferde traten herum, man schwang sich in die Sättel, Patrik hielt Ruy den Bügel und stieg dann rasch auf »Beaujeu«, die ihm Herr Gauvain geschenkt hatte.

Noch ein Händeschütteln, gebeugt aus dem unruhigen Sattel, noch ein Zuruf von Freund zu Freund, schon hallte der Bogen des Torturms vom Hufschlag. Herr Gauvain und Herr Gamuret zogen blank und schlugen die Klingen mit erhobenem Arm über den Köpfen zusammen. Das war ihr letzter Gruß. Als die Reiter aus dem Tor draußen hervorgesprengt und jenseits der Brücke waren, brach hoch über ihnen, von allen vorderen Türmen her, ein rechtes Ungewitter aus den Trompeten und stürzte, atemlos schmetternd und unaufhörlich, als ein Katarakt ins Gehör der auf dem Hofe Zurückbleibenden: die Fanfare der freien Herren von Fanez, welche derberen Vorfahren einst zu so manchem Jagdvergnügen erklungen war. Das bedeutete nun der Herzogin letzten Gruß, denn die hatte es so befohlen.

Von weit draußen her, wo die flachen Windungen der Straße sich ins Land legten, kam die Antwort aus den silbernen Hörnern der Knechte: Sie nahmen die alte Weise jetzt auf.

Vor den Pferdeköpfen lag die Straße. Ihr Band schnitt in das Grün und Braun. Dahinter, seidig gespannt, wölbte der Himmel auf. In diesen schnitt der rote Strich der Stechstange, auf Ruys rechten Bügel gestemmt, nun wieder gleichmäßig in Bewegung, tickend hin und her, langsam im Schritt, rasch im Trabe. Buschwald hob sich links flach, dann Weide, Hecken, ein Giebel, ein Haus, ein Dorf.

Sie waren auch durch eine größere Stadt gekommen

und dort in Herberge gegangen. Auf dem Rathaus, da eben ein Tanz stattfand, hatte man Herrn Ruy samt seinem Buben sehr herzlich und ehrenvoll willkommen geheißen, als er den Saal betrat. Der Bürgermeister selbst brachte ihm den Ehrentrunk in einem so geräumigen silbernen Becher, daß er fast einem Fäßchen glich. Und deshalb, weil er's nicht bezwingen konnte, gab Ruy den Trank an Patrik weiter, der links hinter ihm im Festwämslein stand, das Ruys Farben hatte. Der kleine Engländer hob mit beiden Händen den Becher, in welchem sein ernstes Gesicht verschwand. Die Frauen und Mädchen der Stadt, deren Blicke sich bisher in gedeckter Weise auf Herrn Ruy versammelt hatten, sahen nun alle gerührt auf den Knappen, und jedermann lobte den höchst adeligen Anstand dieses künftigen Rittersmannes, welchen er zeigte, trotz des silbernen Fäßleins, das er nun vor sein helles Antlitz heben mußte. Es schien, als seien plötzlich alle in ihn verliebt. Man erfuhr dann auch durch Herrn Ruy, daß Patrik einst einer ganzen Grafschaft in seiner englischen Heimat werde vorstehen, also einem Gebiete, das etliche solcher Städte enthielte wie diese hier.

Die Trompeten bliesen im braunen Saal, der von Rot und Gold erfüllt war, und Herr Ruy trat den Reigen mit den Bürgermädchen, und Patrik wartete den schönen Bürgersfrauen auf und wurde am Ende mehr als einmal ans Herz gedrückt und sogar geküßt. Aber er blieb voll Ernst und Anstand und suchte stets mit den Augen seinen Herrn.

Und wieder lag vor den Pferdeköpfen die weiße Straße, und wieder stach, gleichsam tickend hin und her, die rote Stange in den blauen Himmel, der hoch aufbauschte mit weißen Wolkenfahnen. Ein Dorf stand am wendenden Weg, eine Burg saß über den Hügeln.

Immer wählte Herr Ruy, wenn ein Kreuzweg sich auftat, die linke Spur, und Patrik merkte wohl, daß sie auf solche Weise, nach anfänglichem Abweichen über die

Stadt, nun näher und näher an das Gebiet der großen Wälder kamen.

Sie ritten eben über eine flache, moosige Heide mit einzelnen Bäumen, als Herr Ruy ein langes Schweigen brach und sagte:

»Verstehst du es, Patrik, mit dem Bogen und Pfeil umzugehen?«

»Ja, Herr. Das kann bei uns daheim jeder.«

»Sieh dort den schmalen Baum!« sagte Ruy, und nach rückwärts zu den Knechten: »Heda, Bogen und Pfeil für den jungen Herrn. Ein scharfes Geschoß.«

Patrik übernahm die schon gespannte Waffe und ordnete den Pfeil auf der Sehne. Dann zielte er kurz, nicht länger, als er die Sehne zog. Der Pfeil zischte hinaus und schlug mit einem hallenden Geräusch in den Baum. Ein Knecht saß ab, lief hin und lockerte das Geschoß mit Hilfe seines Dolches wieder aus dem Holze. Der Mann sah die Spitze nach, und da er sie unverbogen und heil fand, warf er den Pfeil zu den übrigen in den Köcher am Sattel und spannte den Bogen ab.

»Du schießt gut«, sagte Ruy ernsthaft, »du wirst Vögel schießen müssen.«

»Das wird ein großer Spaß!« rief Patrik. »Bei uns daheim hat man die Bogen anders, wie dieser da ist, mit dem ich eben schoß.«

»Wie sehen denn eure aus?« fragte Ruy.

»Sie sind sechs Fuß lang und an den Enden nicht geschweift, sondern gerade. An jeder Spitze ist ein Horn, oben größer, unten kleiner.«

»Damit kann man aber nicht aus dem Sattel schießen.«

»Nein«, sagte Patrik. »Unsere Bogenschützen kämpfen auch zu Fuß. Sie haben vorlängst in einer großen Schlacht sogar die Ritter des Königs von Frankreich besiegt.«

»Ja«, sagte Ruy nachdenklich, »es war der Tag von Crécy. In dieser Schlacht kämpfte auf Seite der französischen Herren sehr tapfer ein Ritter, der blind war. Er fiel. Dieser Ritter war ein König.«

»Ein König!« rief Patrik. »Und welchen Landes?«
»Vom Böhmerland«, sagte Ruy.
»Das ist weit von hier.«
»Ja. Er hieß König Johann. Sein Sohn trägt heute die Kaiserkrone.«
Patrik schien vor Staunen verstummt.
»Die Welt ist groß!« sagte er leise nach einer Weile.
»Ja, sie ist groß«, antwortete Ruy lächelnd und sah auf das Straßenband, das sich vor den Pferdeköpfen hinzog.

Patrik schien es bereits nach einigen Tagen, als hätte er in seinem Leben nie was anderes getan, denn in eine offene Ferne hineinzureiten, und als sollte das auch nicht mehr anders werden. Der nickende Kopf des Rosses, die helle Straße, der blaue Himmelsrand und die sich davor verändernden Formen der Landschaft, die Hügel auf Hügel, Wald, Berg und Heide von links und rechts her gleichmäßig wechselnd in den Blick führte – das alles war seinen Augen ein gewohntes Bett geworden, darin man bei offenen Lidern gelegentlich auch schlief. Jene Unruhe, die er, seinen Jahren gemäß, oft empfunden hatte, schien verscheucht: dadurch, daß er selbst sich nun in immerwährender Bewegung befand.

Es war eine geruhige Fahrt. Herr Ruy ritt als einer – und fühlte sich auch so –, der alles wohlgeordnet hinter sich gelassen hat. Jeder saß dort in Montefal über dem Seinen, wie ein Essender über Tische bei seinem Teller.

Nur er war vom Tische aufgestanden.

Der Wind sprang aus dem blauen, sonnigen Himmel, zwischen den steil aufgezausten glockigen weißen Wolkenfahnen hervor, strich über die Gebüsche am Kimm eines Hügels und griff, sich legend, leicht in die Kronen einzelner freistehender Bäume hier oben.

Sie hielten. Ruy beugte sich im Sattel vor.

Dort drüben lag es wie eine dunklere, langhin laufende Wand, das Heideland begrenzend.

»Die Wälder«, sagte Patrik. Seine Augen waren blank

geworden, wiesen einen tiefen, stahlblauen Schimmer. Er saß aufrecht im Sattel, das Kreuz war hohl.

»Die Wälder von Montefal«, antwortete Ruy.

Der Wind sprang neuerlich an, ließ das dreieckige Fähnlein an seiner Stange oben flattern.

Noch am selben Abend schlugen sie das Lager an einem Bache: er kam zwischen den ersten alten und knorrigen Randbäumen hervor, deren Äste weit hinaus über die Flur griffen. Das Feuer ward entzündet, als die Sonne, genau ihnen gegenüber, sich schräg über das Land setzte, alles und jedes in ihrem Glast verwebend, so daß der Ausblick schwand.

»Wir werden sie«, sagte Ruy, »beim Einreiten des Morgens vor uns, des Abends aber genau im Rücken haben: und damit den sicheren Weg, der uns jederzeit wieder aus dem Walde führen kann.«

Die Knechte, welche am Feuer hantierten und die Pferde absattelten, warfen lange Schatten. Zwischen die Bäume des Waldes schoben sich einzelne tiefrot erglühende Lichtbahnen. Die Sonne saß am Himmelsrande, über Hügeln, und der aufgebrannte Horizont stand klar und rein wie Lack.

»Herr«, sagte Patrik, der mit Ruy unter den Bäumen ging, nach einigem Zögern, »haltet Ihr nicht für möglich, daß man jenes Untier, das hier in den Wäldern haust, am ehesten durch einen wohlgezielten Bogenschuß erlegen könnte, der ins Auge träfe?«

Ruys Antlitz verschloß sich, als fiele ein unsichtbares Visier darüber.

»Nein«, sagte er streng. »Es ist unsinnig, was du da sprichst, und hüte dich, dergleichen zu versuchen. Ich verbiete es dir, verstehst du wohl?«

»Ja, Herr, ich hab's verstanden«, sagte Patrik bescheiden.

»Hier schieße!« rief Ruy nach einer Weile, »und zeig, daß du treffen kannst, auch wenn es bereits dunkelt!«

Er wies auf einen breiten Ast, der aus dem Wald in die

untergehende Sonne ragte. Nebeneinander und reglos saßen drei fette weiße Vögel. Patrik lief um den Bogen. Zwei Pfeile trafen. Erst das dritte Tier hob sich danach und flatterte langsam in den Wald.

»Gut so. Ein Abendessen!« lachte Herr Ruy und klopfte Patrik auf den Rücken.

Am Morgen räumten sie zeitig das Lager und ritten längs des Baches in den Wald ein. Der Weg war leicht und das Vorwärtskommen also gut. Sie hielten sich stets an der Wasserader, die, ohne ihre Richtung im Ganzen zu verändern, immer geradewegs aus dem Walde ihnen entgegenlief. Bald hatten sich die lichten Säulenhallen wieder ganz um die Reiter geschlossen: soweit der Blick, soweit die Stämme und das Grün und stellenweise ein geringes Unterholz. Patrik sah sich viel um während der ersten Stunden des Rittes – nach rechts, nach links, nach vorne und zurück. Aber der Wald drang von überall immer ganz gleich und unbewegt in sein Auge. Bald gewöhnte sich dieses an die lichten, wandernden Bäume und fand sein geruhiges Bett darin, wie früher in der offenen Ferne.

Gemachsam ging die Reise. Der Bach erweiterte und sammelte sich da und dort: Weiher blinkten in den heißen blauen Himmel zwischen dem offenen Rund der Baumkronen, man wählte solche Plätze gern zum Lager, und die Knechte ritten mit abgesattelten Rossen rauschend ins Wasser, um sie zu schwemmen. Den Tragtieren, mit dem Hafer beladen wie immer, den man zuletzt noch erhandelt hatte, wurde ihre Last kaum leichter, die Weide war hier überall vortrefflich.

Am neunten Tage etwa befahl Herr Ruy, das Lager bequemer einzurichten. Sie spannten ein Zelt, und die Knechte schufen sogar Tisch, Bänke und Ruhebetten aus jungen Birkenstämmen, die hier ihre weißen Striche in den Wasserspiegel setzten.

Derweil streifte Herr Ruy, meist im leichten Jagdkleid, mit dem Buben erkundend durch die Wälder, zu Pferde oder auch zu Fuß. Am Bache aufwärts fanden sie den Wald bald etwas ansteigend, da und dort eine Fichte oder Rottanne zwischen den Laubbäumen.

Als dann der Lagerplatz bereits manche Annehmlichkeit bot, stellte Herr Ruy das Herumstreifen ein, blieb an Ort und Stelle und sah den Knechten zu, die neben dem Zelt, das nun fast einer geräumigen Hütte glich, eine Art Backofen errichteten, aus Steinen vom Bach und Weiher, so daß man den Mehlsack, welchen das eine Tragtier auf dem Rücken gehabt hatte, nun allmählich in ein Eßbares verwandeln konnte, wofür der Name Brotfladen etwa entsprechend gewesen wäre, freilich nur, wenn man dabei ein Auge zudrückte. Patrik schoß Vögel, Beeren gab es auch, sie wuchsen hier sogar überaus groß, zudem Haselnüsse und Pilze. Der gewaltige Weinschlauch war, nebst weiterem Hafer, diesmal von dem »Destrier« getragen worden. Herr Ruy hatte vorgesorgt.

Aber nun war er anscheinend ohne Sorgen und lag auf dem Rücken, und ganz wie in Montefal stand neben seinem Ruhebett ein schwerer Stuhl, nur jetzt aus Birkenknüppeln, aber mit Kissen und Decke belegt, und in diesem Stuhl pflegte Patrik nach dem Schachspielen einzuschlafen, wobei sein rotblondes Köpfchen gegen die eine Lehne sank. Es war so still oft, daß er lange schlief und ihn etwa erst das Plantschen und Rauschen an dem Weiher erweckte, in welchen sein Herr sich geworfen hatte, um zu schwimmen, oder das plötzliche Schnauben der weidenden Rosse.

»Ihr besorgt nichts von dem Wurm?« fragte er einmal seinen Herrn.

»Nein«, sagte Ruy. »Seine Spuren sind nirgends im Laubwald anzutreffen. Darum erkundete ich die Gegend hier, und es erwies sich mir, was ich seit der ersten Fahrt schon wußte: das Reich des Drachen ist die bergige Mitte dieser Wälder.«

Über den Kronen stand der Himmelsraum heiß und blau, offener über der Fläche des Weihers, beschwankt von den sich leise regenden Wipfeln. Das Wild wechselte in geringer Weite durch den Wald, so lautlos wie die schräg einfallenden Sonnenstrahlen, wenn sie bei sich neigendem Tage von seitwärts zwischen die Bäume greifen.

Was ihr Herr hier wollte, das wußte weder Patrik, noch konnten die Knechte sich's deuten.

Der »Banier« schien zerstreut, abwesend, er sprach fast nichts. Über dem Schachbrett konnte er lange brüten bis zum nächsten Zug, und dieser erwies klar, daß seine Gedanken nicht bei den Feldern und Figuren gewesen waren. Herr Ruy lag oft stundenlang mit offenen Augen auf dem Rücken.

Jedoch eines Morgens sprang er mitten aus solcher Ruhe empor und befahl Roß und Rüstung. Die Knechte eilten. Und Patrik sattelte seine »Beaujeu«.

»Du bleibst hier, mit den Leuten, beim Lager. Wird es finster, dann laß von Weile zu Weile die Hörner blasen«, sagte Ruy.

Der Knabe gehorchte schweigend, das Stahlblau seiner Augen erlosch, und er war wie von Schmerz gebeugt, während er seinem Herrn den Bügel hielt. Dieser saß auf den »Destrier«. Etwas Brot und Fleisch war in die Satteltasche gesteckt, die Kürbisflasche mit Wein darangehängt worden. Herr Ruy ließ auch den Helm an den Sattel schnallen und ritt davon, den schwarzen Krauskopf unbedeckt, den leichten Kettenpanzer bis über die Brust herab geöffnet und die Stechstange nach seiner Gewohnheit auf den rechten Bügel gestemmt. Durch eine Weile noch sah man den roten Strich zwischen den Stämmen bachaufwärts wandern, hörte man den Huftritt des Pferdes. Dann wurde es ganz still. Patrik preßte die Hand vor seine Augen.

Nach einstündigem Ritt dauerte der Laubwald noch immer an, nur änderte sich die Art der Bäume, in der Nähe einer weiten Lichtung etwa, die sich wie eine Aue längs des Baches hinzog. Bis hierher war Ruy mit dem Buben schon gelangt. Ein bräunliches Leuchten stand vor dem Himmel. Die Birken zeigten als die ersten den Herbst. Ihre weißen glatten Säulenreihen wurden hier für eine Strecke herrschend, eine silberne Harfe für die durchfallenden Sonnenstrahlen. Da und dort schaukelte ein Blatt in der Luft, und eines fand seine Ruhe gerade vor Herrn Ruy, in der schwarzen Mähne des Pferdes.

Der »Banier« ritt in der Tat ohne jedes Ziel hier durch den Wald, und was Patrik beim Abschied ahnungsvoll besorgt hatte, das lag ihm nicht im Sinne. Sein plötzlicher Aufbruch, sein Vertauschen des Stilliegens mit dem Reiten stellte nur zwei verschiedene Seiten eines gleichbleibenden traumhaften Zustandes dar, der ihn umfing, und jetzt im Sattel ebenso wie dort auf dem Ruhebett aus Birkenknüppeln. Er saß bequem, das schwere starke Pferd, dem dieser schlanke Mann kaum eine Last war, ging munter und runden Halses zwischen den Stämmen dahin.

Der Boden hauchte hier kräftig-süßen Duft, der dem reifenden Obstes verwandt schien; da und dort lag schon ein Strich gelber Blätter gestreut, die des Rosses breiter Huf in die Erde trat.

Ruy sah nicht auf den Weg; ihn suchte der trittsichere »Destrier« allein. Sein Blick lag immer voraus in die Höhe der hier so bunten Baumkronen erhoben. Wer ihn hätte sehen können, wie er da durch den lichtstehenden Wald ritt, dem wäre dieses Antlitz vielleicht als ein andächtiges erschienen. Jedoch war es nur geglättet und ruhig, weil verlassen von den Kräften, welche diese Züge einst gebildet und ihnen eine Richtung gewiesen hatten. Die Richtung gab jetzt der Bach, das Pferd, welches sich aus seiner Natur in dessen Nähe hielt, der offene Raum des Waldes, der gangbare Weg, die entgegenfallende Sonne, die mit ihren warmen Strahlen Stämme, Blätter und Äste ebenso streifte wie den wandernden roten Strich der Stange auf dem Bügel oder das Antlitz des Reiters, dessen gelöste Züge in ihr glänzten.

Der Nadelwald setzte flach an, noch freier wurde der Weg. Das weiße und goldbraune Leuchten der Birken erlosch im Rücken. Zwischen den riesigen Stämmen dehnte sich der Boden wie glatter Estrich einer Halle. Da und dort stand einzelnes Buschwerk wie von inwärts durchglüht bei einfallenden Strahlen der Sonne; das Grün leuchtete tief. Immer noch lief der Bach nebenher. Sein Glucksen und Murmeln war jetzt deutlich hörbar. Die Steigung des Bodens nahm zu.

Ruy hielt, saß ab und ließ den Sattelgurt nach. An einer ebenen Stufe sammelte sich hier der Bach in einem Bekken, darin jetzt mit den vorderen Hufen das Pferd stand und soff, während Ruy den Haferbeutel vom Sattel lokkerte und herabnahm. Roß und Reiter genossen ihre Mahlzeit in guter Ruhe. Herr Ruy empfand bei alledem seine eigene Zerstreutheit wohltuend wie ein Bad. Er klopfte den feisten, glänzenden Hals des Pferdes und sah an den turmhohen Stämmen empor, zwischen den strahlig ineinandergreifenden Ästen hindurch in den weit dort oben blauenden Himmel, vor welchem sich letzte kleine Spitzen der Tannenzweige dunkel und schwindelnd abhoben. Der Gedanke an den Wurm, in dessen Bezirke er ja nunmehr eingeritten, ließ ihn ruhiger, als ihm selbst begreiflich war; ein solches Gefühl der Sicherheit konnte nicht nur aus der richtigen Überlegung kommen, daß der ungeheure und weithin hörbare Lärm des Tieres bei seiner Fortbewegung allein schon die Gefahr fast aufhob. Sondern Herr Ruy fand sich hier für die Vorstellung irgendeiner Bedrohung – und sei das welche immer – ganz unzugänglich und geborgener, als er je auf Montefal sich gefühlt hatte.

Nun aber, während er aß und trank, fiel ihm ein, daß es schon hoch am Tage sein müsse, und er versuchte nochmals, nach dem Stand der Sonne zu sehen. Während sein Kopf dabei im Genicke lag, lächelte er plötzlich. Er gedachte seiner Anordnung, heute bei einbrechender Finsternis im Lager die Hörner blasen zu lassen. Solche Finsternis stand eigentlich nicht zu erwarten, denn man hatte den vollsten Mond. Dies war ihm offenbar entgangen während der vorigen Nächte; und doch auch wieder nicht: denn er wußte es ja. Er stand und hob dem Pferde den fast geleerten Hafersack noch ein wenig und sah abwesend am Kopf des Tieres vorbei in den kleinen Wasserspiegel, von der recht verwunderlichen Vorstellung gestreift, der Mond müsse rein an ihm vorbeigeschienen haben, um solchermaßen übersehen worden zu sein. Diese Tage im Waldlager wurden ihm plötzlich ganz seltsame.

Vereinzelte Käfer oder Mücken summten zwischen den tief durchgeschwungenen unteren Ästen der Bäume. Der Bach, welcher sich hier nach rechts in einen Graben wandte, hatte dort zahlreiches Grün aufsprießen lassen, das jetzt, von einem durchs Geäst tastenden Sonnenstrahle berührt, wie ein Smaragd sich erleuchtete, den man vor eine Flamme hält.

Herr Ruy strammte mit Sorgfalt den Sattelgurt, saß wieder auf und zog das Schwert mit dem Drachenhorn im Knauf aus der Scheide. Denn er verließ jetzt den Bach, und so hieb er mit der Klinge von Baum zu Baum einen Flecken Rinde herunter, den Weg zu bezeichnen, welcher zur Beugung des Bachs und damit wieder zum Lager führte. Jedoch waren noch keine dreißig Bäume angeschlagen, als der Wald überraschend eine jener flachen mit Almgras bewachsenen Kuppen freigab. Von einem vorstehenden Randbaum entfernte Herr Ruy noch ein breites Stück der Borke. Das bloße Holz leuchtete weithin deutlich. Hier war auf dem Rückwege zwischen die Bäume einzureiten.

Er senkte das Schwert in die Scheide. Ein leichtes Verschieben der Schenkel: und vom Stande weg zog das Pferd in einem einzigen gleichmäßigen Galopp die sanfte Steigung hinan bis zu dem runden Gipfel.

Ruy hielt in der Sonne, unter dem leise sich regenden dreieckigen Wimpel an der Stechstange oben. Während sein Blick, hin und her gewendet, über das Auf und Ab waldiger, grasiger und felszackiger Kuppen bis an den Himmelsrand lief, der auf die fernsten Erhebungen eine Art bläulichen Scheines legte – während dieses Schauens in eine plötzlich vor ihm entblößte Weite war es wieder ein Kleines, was ihn seltsam beschäftigte. Nämlich, daß über ihm der Wimpel an der Stange stand. Man hatte vergessen, ihn nach dem Beginn des Waldrittes zu bergen. Nun erst bemerkte es Herr Ruy, und er verwunderte sich darüber. Zum zweiten Male schon heute fanden die bescheidensten Dinge des Lebens wie in einer neuen Sprache zu ihm hin.

Er warf noch einen Blick über die beinahe vertraute Landschaft und ritt die Kuppe auf der anderen Seite hinab und gegen den Wald zu. Dieser senkte sich ein, in der Form eines schmalen Tales, das gradaus verlief und genau in jener Richtung weiter, aus welcher Herr Ruy kam. Der Rückweg war in keiner Weise verfehlbar. Der Wald hatte hier dichteres Gebüsch und mehr niedriges Grün allenthalben wie auf der anderen Seite. In dem Gemisch von Laub- und Nadelholz, welches da stand, leuchteten herbstlich rot die Vogelbeerbäume, hingen die Berberitzen, und da oder dort, wo das Moos in braun-grünen Flächen lag, lugten die breiten Hüte der Fliegenpilze. Herr Ruy brach durch die Dickung, das Gebüsch rauschte an den Bügeln, und dann ritt er zwischen den weit auseinanderstehenden Bäumen dahin in dem Tale, den runden Hals des Pferdes vor sich, überragt von der gemachsam bewegten Stange mit dem Fähnlein, den Blick wieder erhoben und verloren in den helleren und dunkleren Kronen.

Diese traten jetzt zurück. Eine Waldwiese öffnete sich längs des Talbodens.

Herr Ruy hielt an. Soweit das feuchte Grün lief, so weit sprenkelten es die Herbstzeitlosen. Hier wurde die kommende Jahrzeit wieder ganz offenbar. Jenseits und fern, wohl über dem Ende des Waldtals, hob sich ein Berg, staffelten Felstürme und Grate gegen den blauen, seidigen Himmel.

Ruy schloß und öffnete die Augen zweimal. Dann kniff er die Lider ein, um schärfer zu sehen. Aber es hätte dessen nicht bedurft. Die Bewegung auf dem Grate war für den Kundigen gegen das Himmelsblau nicht zu verkennen. Langsam verschob sich das, den Fels überwandernd, und verschwand dahinter in der Ferne, Zacken um Zacken.

Herr Ruy atmete tief. Als ergriffe den Heimgekehrten der Anblick vertrauten Hügelschwunges, so ihn, was er dort über dem Felsen sah. Er breitete die Arme aus, soweit Zügel und Stechstange es erlaubten, und tief sank der Wimpel nach rechts. Seine Lippen öffneten sich, und nun geschah, was Herr Gamuret schon am Hofe von Montefal klug bemerkt hatte: der freie Herr von Fanez wußte manchmal Verse. Aber wenn die meisten seines Standes diese Kunst an eine schöne Frau zu wenden pflegten, so war diesmal der Gegenstand solchen Dichtens ein seltsam anderer: nämlich ein in der Ferne verschwindendes Untier. Er sprach vor sich hin, und wie aus einem Traume:

> Da kriechst du wieder, wie das Schicksal selbst,
> am Grund der Wälder und wie tief im Meere,
> langsam und schweigsam und in deiner Schwere
> dem Träumer eine ärgerliche Lehre,
> und dem, der eitle Pläne wälzt.
>
> Doch wer dich antritt ohne so zu wollen
> und ohne heiß zu sein von Eitelkeiten,
> dem wirst du einen tiefen Blick bereiten
> in braune Waldesaugen, in den lebensvollen
> Abgrund, in die eigne Mitte ...

Von rückwärts fiel eine frische Stimme ein:

> Mich freut's, den Herrn nach alter Rittersitte
> beim Versemachen anzutreffen. Und zu zweien
> läßt sich's noch besser dichten. Hört dies Lied:

Ruy wandte sich um, jedoch ganz ohne zu erschrecken. Es war der Spielmann. Er saß auf einem leichten Braunen, den bebilderten Köcher und den Bogen am Sattel, und sah Herrn Ruy aus seinen etwas schräggestellten Augen lustig an, während die rechte Hand über die Saiten der großen Doppellaute ging, welche in seinen Armen lag: jetzt brauste das Spiel mächtig auf, wie Orgeln erfüllte es den Wald, und er sang:

> Es zieht die Ferne,
> es glüht die Nähe,
> wie Edelstein schimmert des Waldes Grund.
>
> Leicht sitzt die Klinge
> die sausende – singe, o Leben,
> Dein Summlied mir, o Geheimnis,
> küsse im tiefen Wald meinen Mund.
>
> Die frohen Fernen, härtere Herbste,
> weitere Bahnen, des Mannes Leid,
> gestreut im Lande, am Straßenbande,
> die Burgen, die Dörfer weit.

Noch tönte das Lied, und es brausten gewaltig die Saiten. Jedoch der Sänger war verschwunden. Die letzte Strophe klang, sich entfernend, wie vom Waldrande drüben her:

> Und Gefechte und Fahrten
> und frohes Erwarten der hellen Trompeten
> des Morgens frühe –
> leicht geht die Hand, und nichts wird mir Mühe –

o gestreut im Lande, am Straßenbande,
die Hügel, die Wälder weit!

Nun schien es, als könnte Herr Ruy den Sänger wieder sehen, für einige Augenblicke: er ritt am linken Rand der Lichtung im Schatten der Bäume. Doch war es jetzt so, als spiele der Reiter dort drüben nicht mehr die Laute, vielmehr schien er eine Fiedel zu streichen, deren durchdringend süßer Ton aufjauchzte und erstarb. Er saß herumgewendet im Sattel und sah auf Herrn Ruy herüber. Dabei, durch den Glanz der schon schrägen Sonnenstrahlen auf der Lichtung und das Waldesdunkel, aus dem jener dort drüben blickte, wurde das Auge des Herüberschauenden selbst unsichtbar, und Herr Ruy sah nur für eines Gedankens Länge zwei leere Höhlen auf sich gerichtet.

Dann blieb es still.

Als hätte ein seltsam gelaunter Künstler sich darauf verlegt, hier in der Einsamkeit das Denkmal des letzten Mannes zu errichten, der fähig gewesen war, im tiefen Wald einen Drachen leibhaftig zu erblicken: so reglos hielt Herr Ruy am Rande der Waldwiese auf dem regungslosen Pferde.

Es war ein schönes Standbild, überragt von dem jetzt wieder senkrechten roten Strich der Stange mit dem Fähnlein obendran. Die Züge der Figur waren milde, geglättet und ruhig, der Blick leicht erhoben, etwa zu den einzelstehenden Bäumen am Bergkamme jenseits der Lichtung, welche dort, einander übersteigend, zu den Felsen emporwanderten und sich, trotz der Entfernung, mit feinem Geäst vor den rückwärtigen Himmeln abhoben. Die Haltung des Reiters am Rande der Waldwiese schien eine stolze, er saß aufrecht und etwas steil und steif im Sattel, und das paßte wohl zu dem rundgebogenen Hals des starken Pferdes. Hinter diesem Hals schimmerte in mattem Silber der Brustpanzer. Waren sie an sich schon etwas feierlich, Roß und Reiter, in dieser vollkommenen Stille und von den schrägen Strahlen der Sonne umfaßt, die in den Wipfeln wob, so erhöhte sich solche strenge Pracht noch durch das Aufleuchten des purpurnen Zaumzeuges und der Zügel, die in der schön behandschuhten Hand unbeweglich lagen, und den grüngoldnen Glanz einer lang herabzipfelnden Satteldecke.

Das tiefe Schweigen dieser Wälder, worin ein Vogellaut nur selten konnte gehört werden, brachte deren eigene Stimme selbst herauf, zwischen den Stämmen und dem immer mehr von der Abendsonne vergoldeten Luftraume über dieser eingefaßten Wiese mit den violenfarbenen Tupfen der Herbstzeitlosen, unter den rückwärts über den Wald staffelnden Felsgraten, die jetzt einen leuchtend an sie gelegten Abendschein in unbestimmte Fernen hinausspiegelten: es war diese eigene Stimme des Waldes nicht ein schaukelndes und fallendes Blatt, nicht ein Rascheln im Gebüsch oder der zarte und hurtige Lauf eines Eichhörnchens an einem Stamme. Eher schon, daß der Boden selbst atmete und lebte oder das immerwährende Einsickern des Himmelslichtes zwischen den Wipfeln hörbar ward, und darüber hinaus höchstens noch das Wispern ganz merkwürdiger und kaum sichtbar zarter Geschöpfe, die unter einem Fliegenpilz in guter Ruh und in dessen längerwerdendem Schatten saßen, die Händchen über dem Bauch gefaltet.

Solche waren es, deren Blicke allein, glaszart und von überallher kommend, auf dem einsamen Standbild an der Waldlichtung ruhten. Sie sahen auch ein leichtes Lächeln, welches als einzige Bewegung während einer vergehenden halben Stunde über die geglätteten Züge der Figur spielte. Es galt aber dieses Lächeln dem edelfesten Freunde Gamuret, freiem Herrn zu Fronau, Pfleger zu Orth und Herrn von Weiteneck, und seiner Frage, wie eine schwere Fahrt denn am End noch ihre Vernunft bekommen solle, wenn man den Preis nicht nähme.

Das war nun alles, was während der ganzen Zeit geschah und sich regte, außer einer allmählichen Abwandlung des Lichts in den röteren abendlichen Schein, der flach am Boden ging und zwischen die Stämme hinein in breiten Bändern und das Innere von Gebüschen zu grünglühenden Grotten machte und etwas höher noch, an einem Vogelbeerbaume, ein rotes Büschel der herbstlichen Früchte leuchten ließ.

Der »Destrier« hob die rechte Vorderhand, stampfte mit dem breiten Huf einmal dumpf auf und scharrte.

Als er's zweimal getan und sein Herr dessen nicht achtete, wandte sich das große Pferd in die Richtung, aus der man gekommen war, und schritt aus.

Herrn Ruys Hände blieben unbeweglich.

Langsam ging das Roß durch die beginnende Dämmerung des Tales, brach am Ende durchs Gebüsch, das an den Bügeln rauschte, und begann, den Waldrand hinter sich lassend, die flache, mit dem Almgras bewachsene Kuppe zu ersteigen. Man ritt jetzt geradewegs in die sinkende Sonne hinein, und der aufbrennende Horizont warf die Wälder in tiefe Tinte. Dem Abendbrand gegenüber aber war schon der Mond in den Himmel gerückt und schwebte glasig und fett über der rückwärtigen Ferne, mit seinem Licht, das allenthalben in die Täler sank, jedwede Tiefe als Schatten hervorhebend.

Als ritte er einem feierlichen Leichenzug voran, der sich hier im doppelten Licht des schwindenden und des steigenden Gestirns hinter ihm ordnete, so zog Herr Ruy langsam über die Kuppe, deren Gras im Mondschein wie dünnes Haar glänzte. Es war aber dieser Zug hinter ihm ein reicher und vielfältiger: der silberne Schein von Rüstungen schmolz flüssig im Mondlicht über dem fettigen Glänzen des Brokates, dem scheuen Lichte der Seide. Sie alle mit ihren Fähnlein an den Stangen. Sie alle mit ihren Damen, deren Lieblichkeit gehöht ward durch den Mond. Auch die bunten bräunlichen Feinde aus dem Heiligen Land ritten mit im Zuge, mit Turban und Bogen, und sie sahen dabei dem Spielmann ähnlich. Aber

Spielleute waren viele im Zuge, da und dort rauschte ein Lied auf, lachten die Damen, applaudierten die Herren, und jedes Liedes Aufsteigen war, als zeigte man es noch einmal her, als erinnerten sich dabei alle und wüßten, daß es nicht mehr sein würde. An manch einer Schläfe unter der Haube von Spitzen und Gold legte sich das blauschwarze, das blonde Haar, und die schönen Zelter zeigten im sanften Gang, wie sorgsam man sie für diese Damen von einstmals zugeritten hatte.

Auch Könige waren im Zuge, einer davon blind, und da er bei einem anderen König zu Gaste gewesen, als gerade ein Krieg ausbrach: so war dieser blinde Ritter mit im Heer seines Freundes geritten, keinem Zweck der Heerfahrt nachreitend, wohl aber dem leuchtenden und prunkvollen Gestirn der Ehre, das mit ungeheurem Glanz im Innern seiner erloschenen Augen aufgegangen schien.

Längst war Herr Ruy mit der Spitze des Zuges wieder in den Wald getaucht (aber die eigene Schwertmarke an der Borke des Baums hatte er nicht mehr beachtet, sondern der »Destrier« fand seinen Weg), als des bunten und vielfältigen Gefolges Mitte gerade im Mondlicht langsam die Kuppe überschritt: diese Mitte des Zuges bildeten die Chimären. Ihr Erscheinen bedeutet allemal einen Wechsel der Zeiten, und so hatten sie sich denn hier wieder eingestellt, seltsame Gestalten, aus Ziege, Wolf, Löwe und Fledermaus vereinigt. Sie wandelten nicht ohne Würde lautlos dahin, beglänzt an Krallen, gespreiteten Flügeln, spitzem Ohre, hohem Halse. Und solchermaßen schritten sie auf der anderen Seite des Bergs wieder hinab und verschwanden im Walde, während es oben im Mondlicht auf der Kuppe noch reich strömte und nachwogte, alles mit dem bedächtigen Anstand, welcher so großem Anlasse geziemt. Doch fiel auch das oder jenes scherzhafte Wort unter den nachreitenden Damen und Herren über die chimärischen Ungeheuer: aber diese gingen ungerührt ihres Weges mit dem steifen Prunk ihrer seltengesehenen Pracht.

Im Walde hielt stützig das Wild, dem die Augen wie große schwarze Herzkirschen aus dem Kopfe traten, weil das Getier des Waldes alles Geistige leibhaft sieht. Dem vorbeiziehenden Pompe folgte auch mancher kluge und wissende Blick winziger Wesen, zwischen den Wurzeln der Bäume hervor spitzen Gesichts, oder von den Ästen herab, wo sie, nachlässig mit kleinen Beinchen baumelnd, in einem Mondstreifen saßen.

Silberner Hörnerklang erhob sich leise begleitend, als nun der breite Trauerzug Birkenwald und Aue betrat. Vorne glänzten unter des »Destriers« Hufen die gefallenen feuchten Blätter wie metallene Scheibchen. Herr Ruy saß aufrecht im Sattel, seine Haltung war stolz und abweisend. So ritt er, während jetzt die Hörner wieder bliesen, eine Stunde später auf das weiche, gelbe Lecken der Flammen zwischen den hohen Stämmen zu und hielt beim Lagerplatze drei Schritte vor dem Feuer so reglos wie früher im Walde. Sein Blick ging über Patrik, über die Knechte hinweg in die Baumkronen. Am glänzenden Hals des Pferdes, am Panzer, an der Spitze der Stechstange oben spielte das flackernde Licht.

Auch Patrik, wenngleich durch die glückliche Rückkunft seines Herrn aus wahren Qualen der Sorge erlöst, blieb zunächst wie erstarrt, so fremdartig wirkte die Erscheinung. Dann sprang er, und mit ihm die Knechte, herzu, man half Herrn Ruy aus dem Sattel und entledigte ihn der Rüstung. Er trank zwei Becher voll Weines hinab, der Knabe bereitete eilends das Lager, und sein Herr sank hin und schlief bis in den nächsten Vormittag.

Sie brachen sodann das Gezelt ab, um aus dem Walde zu reiten, und die Reise wurde jetzt eilig. Immer bachabwärts, des Abends der Sonne entgegen, die zwischen Laub und Stämmen glühte, gelangten sie nach kaum einer Woche schon zu ihrem einstmaligen Lagerplatz beim Austritt des Baches aus dem Walde, und das Feuer flackerte wie damals bei den ersten alten und knorrigen Randbäumen und an der gleichen, noch verkohlten Stelle.

Die Fahrt wandte sich von da ab zur linken Hand ins offene Land hinaus und hinab, bei sommerlicher Wärme, und diese schien an Glanz und Milde sich noch zu steigern in den sanften Talgründen, wohin man jetzt gelangte. Hier war vom Herbst noch kaum was zu spüren. Tiefgrün und leuchtend zog sich das hohe saftige Gras hin und bis unter die Bäume hinein und mit dem strengen und feinen Dufte eines hier allenthalben wachsenden Krautes an den Bächen entlang, von denen dieses Land vielfach durchzogen war; in ihrem Spiegel verdunkelte und vertiefte sich des Ufers Grün um einen Ton näher dem Schwarz und dem Braun vom Grunde des Wassers, welcher durch die Sonne herauftrat. Man ritt nun gemächlich. Herr Ruy schwieg und sah zur Seite des Wegs in das langsame und schlierige Fließen.

Eines Morgens näherten sie sich einer Mühle, wohl zur nächsten Dorfmark gehörend. Als sie jedoch auf der staubigen Straße vor das Haus kamen, zeigten sich dessen Fenster und Türen schwarz ausgebrannt, das Werk zerstört, die Ställe zertrümmert. Noch lag der scharfe Geruch des verkohlten Holzes in der Luft von dem Brand, den erst ein kürzlicher Regen unterbrochen und gelöscht haben mochte.

Schwarz gähnte das Innere der Mühlstube.

Weit drüben vor dem Himmelsrande stand Rauch.

Herr Ruy blieb halten und sah in das zerstörte Haus.

»Patrik«, sagte er dann, »du reitest nun mit den Knechten zu unserem Lager von gestern, beim letzten Dorf. Dort erwartet ihr mich.«

Der Knabe, unruhig, konnte die Mühe nicht verbergen, mit welcher er sich beherrschte. Seine großgeöffneten Augen lagen am Himmelsrand und auf der Rauchwolke, die sich dort erhob.

Ruy drängte sein Pferd dicht an das Patriks und drückte den Kopf des Knaben einen Augenblick lang an seine Schulter.

»Sei ruhig, mein Bub«, sagte er, »ich will's mit Vorsicht

erkunden und bald wiederkommen. Unser vier sind dabei zu viele.« Und dann ließ er den »Destrier« fertigmachen und nahm die Waffen, Helm und Schild.

Einige Augenblicke hielten sie dort noch beisammen vor der Mühle, die Pferde traten unruhig herum. Als Ruy, nach Patrik, auch den Knechten die Hand reichte, war ein blankes Erschrecken in allen drei Augenpaaren.

Des »Destriers« machtvoller Trabschritt ging auf der stäubenden Straße dahin.

Herr Ruy sah nicht links und rechts.

Er mußte gleichwohl wahrnehmen, daß die Dorfschaft, durch welche er nun kam, leer schien und ausgebrannt. Zerbrochener Hausrat war auf die Straße geworfen. Vor einer Steintreppe, die zum Hausgang emporführte, lag in der Sonne ein erschlagener Mann, dem bäuerlichen Kleide nach wohl von hier, und vielleicht vor seinem eigenen Hause getötet. Überall sah man die Spuren gewaltsamen Wütens, wie Raubgesindel sie zu hinterlassen pflegt. Der »Destrier« stieg über eines Spinnrads Trümmer, mitten im Wege.

Herr Ruy ritt rasch dahin in seinen vollen Waffen, der Rauchwolke entgegen.

Schon vom Eingang des Dorfes her sah er die wüsten Gesellen mit ihren Pferden auf dem Dorfplatze, wie sie die Bauern stießen und schlugen, während man Spinde und Truhen bei den Fenstern hinauswarf und den aufgebrochenen Inhalt durchwühlte.

Jetzt hatte man wohl den geharnischten Mann auf dem schweren Pferde bemerkt, denn flugs flog alles in die Sättel.

Herr Ruy nahm die Stechstange in die Beuge des Arms und den Schild hoch. »Montefal! Montefal!« tönte sein Schlachtruf. Als ritte er unter hellweißen, zerrissenen, im Winde knatternden Fahnen durch, so war's ihm beim Angriff. Jene Fahnen schlugen sich jetzt wie Spruchbänder rechts und links über ihm hin, und auf jedem stand ein Satz des einst geleisteten Gelübdes:

»Den Bedrängten zu helfen ...«
»Die Witwen und Waisen zu schützen ...«

Er verstand kaum den Sinn, es waren nur mehr Worte, Worte in goldenen Buchstaben, zur Not wiedererkannt.

Mit Wucht brach der scharf gespornte »Destrier« in den Feind. Zwei Pferde fielen, ein dritter Sattel war leer, erst den vierten Mann hob die Stechstange aus dem Sitz. Als schäumte alle Jugendkraft noch einmal auf in Herrn Ruy, um für immer zu zerstäuben, so trug ihn der Kampf, als, nach dem Splittern der roten Stange, der Herzogin von Montefal Degen mit dem Drachenhorn aus der Scheide fuhr. Die gebundenen Klingen rangen wild hin und her, als wollte man dem Gegner den Arm aus der Schulter drehen. Aber da die Bauern, nunmehr ermutigt, sich zusammenrotteten, vielleicht des Glaubens, es käme noch mehr Hilfe, sprengte plötzlich die ganze Horde davon und beim andern Ende des Dorfes hinaus. Herr Ruy wollte folgen. Jedoch zu seiner eigenen Verwunderung sank er rasch und weich rechter Hand vom Pferde, fühlte noch, daß jemand seinen Kopf hob, und die Kühle des Wassertrunks an den Lippen: aber schon sah er nichts mehr als ein tief leuchtendes Grün, stark wie die Sonne, auf dem braunen Grund eines letzten Ermattens.

Tod einer Dame im Sommer

Der hohe Sommer in der Stadt ist des Schriftstellers Zeit. Alle sind weg, starren in der Ferne durch Windschutzscheiben über ihre behandschuhten Hände am Lenkrad auf eine unter ihnen durchlaufende Straße, das Telephon schweigt, das viele Geschreibsel läßt nach, dessen der Briefträger sonst täglich einen Korb voll ins Vorzimmer kippt, und man kann sich ergehen, ohne fortwährend wem zu begegnen. Erst im Herbste beginnt dann die Lizitation der Urlaubseindrücke, werden die endlosen grauen Würste der Photos gezeigt (ein sich entleerender Bilder-Darm) oder die zuckerlrosa Farbphotographien und die »Dias« und Filme, jede Geselligkeit ertötend. Elba sticht Amalfi, Pästum ist hoch und Ägypten der Jolly Joker.

Wer viele Familienbande hat (diesem Wort eignet eine von Karl Kraus entdeckte doppelte Bedeutung), der vereinsamt, wenn er in Wien zurückbleibt, sofort und völlig. Die Bande sind abgeschaltet und, nimmt man sie in der Einzahl, dann starrt sie durch die Windschutzscheibe voraus.

Mein Lehrer und ich, wir hatten wohl keine Familienbande, aber sonst gerade genug (in der Einzahl), und um so mehr genossen wir die Ruhe, wurden nicht mehr gebissen von telephonischen Anrufen, beraschelt von den geballten Ladungen des Briefträgers. Wohl verband uns ein Draht. Doch war der illusorisch, denn mein Meister ist schwerhörig. Dann und wann, selten genug, wenn ich im halbleeren Restaurant gegessen hatte, wußte ich ihn im Café zu finden, nach einem Gang durch die fast einsamen, im Asphaltdunst träumenden Straßen.

Wer aber aus dem Netz von Familienbanden herausgefallen ist – bisher zärtlich umsorgt, dreimal täglich angerufen, fünfmal wöchentlich besucht –, für den hat die plötzliche Einsamkeit ein ganz anderes Gesicht.

Die Hofrätin G. setzte sich über die nachgelassenen wissenschaftlichen Arbeiten ihres ein Jahr zuvor verstorbenen Gemahls, der ein international bekannter Philologe gewesen war.

Die Zimmer waren hoch. Der Goldhamster war tot. Er hatte sich damals ein paar Tage nach seines Herrn Ableben aufs Ohr gelegt und war entschlafen. Das Durcheinander der Manuskripte erschien als unbeschreiblich, ebenso ihre Masse. Aus Schubladen kam immer mehr zum Vorschein. Material über Material. Mühsam und langwierig erarbeitete Notizensammlungen. Es erwies sich als fast unmöglich, hier kurzerhand ein paar Konvolute zu vernichten. Es erwies sich als nahezu unmöglich, einen brauchbaren Einteilungsgrund, ein Ordnungs-Prinzip zu finden. Oder ein gefundenes Prinzip ging wieder verloren, es wurde von der Masse erdrückt, man konnte sich daran nicht mehr aufrichten und emporraffen. So entstand beim Umlegen und Einteilen der vielen Stöße Papiers geradezu ein Gefühl der Schwäche in den Handgelenken, vom Kopfe ganz zu schweigen.

Doch mußte es gelingen, der Sachen wenigstens im Ganzen und Groben Herr zu werden. Denn in drei bis vier Wochen sollte ein Herr von Alsberg aus Berlin eintreffen als Vertreter eines großen wissenschaftlichen Verlages, der für des gelehrten und schöngeistigen Hofrates Nachlaß ein lebhaftes Interesse angemeldet hatte.

Der zarten kleinen Dame gelang's dann eben doch, einige Ordnung ins hochkultivierte Chaos zu bringen. Es ist kaum zu glauben, da ihr ja niemand half. Aber sie redete sich mit Erfolg ein, daß sie glücklich sei, jetzt eine Aufgabe zu haben. Und mit diesem Schlüssel schloß sie ihre eigene Situation auf und entband, was in ihr noch schöpferisch war.

Mit Pausen. In diesen strömte ihr neue Kraft zu. Und so sehen wir sie schon auf dem rechten Wege. Sie begann ihre Lage zu genießen. Wir müssen diese Lage auch als durchaus genießbar bezeichnen. Von Sorgen keine Rede, sie bezog eine hohe Witwenpension und besaß einiges Vermögen. Zudem fühlte sie sich bei leidlicher Gesundheit. Die große Wohnung mit ihren hohen Zimmern – ein altmodisches Haus in einer »guten Gegend« – stand jetzt um sie wie ein zu weit gewordenes Kleid. Sie gedachte es enger zu machen, die Wege abzukürzen, etwa mit dem Teebrett aus der Küche bis zum Schreibtisch, wo einst der Hofrat gesessen, oder vom ganz am Ende des Vorraums gelegenen Bad über weite spiegelnde Ausgedehntheiten von Parkett bis zu ihrem Schlafzimmer und Bett. Sie hatte schon mehrere kleine Wohnungen in neugebauten Häusern besichtigt, ja, sich sogar zu einer bereits entschlossen. Alles würde da handlicher, aber auch traulicher und heller zusammenrücken. Trotz der hohen Fenster war es hier nicht eigentlich hell. Die Wohnung lag standesgemäß tief, im Hochparterre. Für den Hofrat war das wichtig gewesen. Er hatte nahe an neunzig Kilogramm gewogen und im Hause gab es keinen Lift.

Doch diese altertümlichen dicken Mauern und hohen Räume hier schenkten Kühle und in der Tiefe dieser Zimmer wich man weit genug zurück vor der Hitze draußen auf der Straße. Die Hofrätin ließ jetzt oft stundenlang einen riesigen Garderobeschrank mit hohen spiegelnden Türen, die prachtvolle Intarsien zeigten, sperrangelweit offen stehen, obwohl das ja dem Sinne der Einkampferung von Pelzen und Teppichen nicht ganz entsprach. Aber es schien der entströmende Duft die Kühle noch zu steigern.

So lebte sie einsam, »wie ein alter Junggesell« dachte sie und lachte. Einmal nur wöchentlich kam die Bedienung. Mittags speiste die Hofrätin in einem guten Restaurant hier in der Gegend.

Es gab die Geräusche. Wenige im Hause, das sehr schalldicht war, vielleicht einmal fernes Gerumpel, das Rücken eines Möbelstückes. Wenn sie nach Tisch ruhte oder abends einschlief, waren von der Südbahn her dann und wann lange Pfiffe zu hören.

Ihre Spaziergänge machte sie im herrlichen Botanischen Garten. Er lag in der Nähe und ganz still, hatte selbstverständlich keinen Kinderspielplatz, und es gab da zwischen Gruppen exotischer Bäume den oder jenen runden Raum um eine Bank, der fast die Abgeschlossenheit eines Zimmers bot, eines Zimmers im Grünen.

Den Herrn von Alsberg habe ich nicht gekannt und auch nie kennengelernt, sondern mit ihm nur zweimal telephonisch gesprochen. Es mag das etwa drei Wochen nach meinem letzten Besuch bei der Hofrätin G. gewesen sein (die ich sehr selten sah). Sie hatte mich damals zum Tee gebeten, um über den wissenschaftlichen und schöngeistigen Nachlaß ihres Gemahl mit mir zu sprechen. Wir waren allein geblieben, lange beisammen gesessen in einem hohen und kühlen Salon. Ich fand sie ihrer Mädchenzeit nahe, seelisch und in der äußeren Erscheinung un-deformiert, möchte ich sagen. Sie erzählte von ihrer jetzigen Lebensweise (daher meine Kenntnisse), und ich rechnete im stillen nach, wann ich sie eigentlich zum erstenmal gesehen und kam auf das Jahr 1923, also vor neunundreißig Jahren. Es roch zart nach Naphthalin (damals verriet sie mir auch, daß sie den Garderobeschrank absichtlich offen lasse).

Der Herr von Alsberg also rief mich vormittags telephonisch an und stellte sich mir auf diese Weise vor. Es war ein Sonntag. Er sei schon über eine Woche in Wien, sagte er (wegen der Manuskripte des Hofrates). Für heute, den letzten Tag seines Aufenthaltes hier, habe er ein Treffen mit der Hofrätin verabredet, sie hatten zusammen das Stift Klosterneuburg besichtigen wollen (Alsberg war Kunsthistoriker). Doch die Hofrätin sei nicht erschienen. Da sie meinen Namen ihm gegenüber einmal erwähnt habe und auch, daß sie mich von Jugend an kenne, nehme er sich die Freiheit mich zu stören. Es sei da ein unbehaglicher Umstand: die Hofrätin nämlich melde sich nicht am Telephon.

»Das muß ja noch kein Malheur bedeuten«, sagte ich, wie in Abwehr einer Besorgnis, die nun auch mich beschlich: und zwar kam mir das aus einer gewissen ängstlichen Aufgeflattertheit in seiner Stimme.

Wie in Abwehr, sagte ich. Zu dieser hatt' ich allen Grund (und verhielt mich auch weiterhin abwehrend, so lang es eben ging). Ich war an diesem Morgen entgleist, ich hatte das nur ganz kurz anhaltende Vehikel des entscheidenden Augenblickes nicht rasch bestiegen auf einer der Untergrundstrecken unseres allzu beziehungsreichen Denkens, welches meistens darauf hinausläuft, daß wir den Faden verlieren. Jede Schwäche aber sucht sich selbst zu entgehen, gleichgültig in welches Material. Ich fand mir das meine. Ich war ins Hintertreffen geraten und begann dort Allotria zu treiben. Damit war ein Zustand herbeigeführt und befestigt, den die Mechanismen des Lebens besonders bevorzugen, wenn sie uns in die Zange nehmen wollen. Über jeden fällt her, was der Ebene zusteht, auf welcher er sich jeweils befindet und der Rang unserer Schwierigkeiten ist unserem Zustandswerte stets genauestens angemessen. Mitten in meine Allotria schnitt das Telephonsignal des Herrn von Alsberg.

Ich fragte ihn, ob er im Laufe des Tages vielleicht Gelegenheit nehmen könnte, bei der Hofrätin G. vorbeizukommen (das wollte er) und ob er die Güte haben würde, mich dann telephonisch anzurufen (das versprach er). Ich selbst sei nicht in der Lage, vor dem Abend auszugehen, da ich verschiedene Besuche erwarte und auch das Eintreffen eines Ferngespräches aus München (lauter Lügen).

Wer versagt hat, muß obendrein lügen.

Jetzt aber war der so nötige Abstand von etwa eintreffenden Ereignissen für die nächsten Stunden doch wohl gesichert.

Ich sah den Ernst der Lage: ein Alarmfall. Aus ihm heraus hielt ich jetzt schon für möglich, daß der Hofrätin G. etwas zugestoßen sei. Genauer: meine Stimmung war so, daß ihr etwas hätte zugestoßen sein können. Ein Blick zum Himmel. Er war trüb.

»Lassen Sie ›Klar zum Gefecht‹ blasen«, sagte seine Excellenz der Admiral Studrey, der sich eben die Masche zum Dinner band, als ihm ein Offizier das Herankommen der Schiffe des Grafen Spee meldete.

Ich hatte auf meine Art einer gleichen Weisung zu gehorchen. Ich tat's: und es gelang! Eine halbe Stunde nach des Herrn von Alsberg Anruf arbeiteten alle Mechanismen normal und ich hatte das – ganz unglaublicherweise – ein zweites Mal auf der Untergrundstrecke heranrollende Vehikel mit Erfolg besprungen.

Ich steuerte munter aber wachsam. Der Text legte sich glatt ab. Einmal rief ich mir zu: »Ruhe bewahren!« Es ging alles gut.

Gegen zwei Uhr kratzte ich irgendetwas zusammen, was eine Kombination zwischen erstem und zweitem Frühstück und Mittagessen darstellen sollte (es wurde auch Tee dazu getrunken); danach hatte ich genug von allem und jedem und legte mich auf den Diwan. Das Wetter war noch trüber geworden. Ich brauchte es nicht zu bedauern, daß ich nun wirklich nicht ausgehen konnte. Manchmal kehren unsere Lügen, in Wahrheiten verwandelt, zurück wie ein Bumerang. Nun gut, ich war jetzt bereit. Ich hatte meine Wachposten ausgestellt. Ich schlief. Doch in den allerletzten Augenblicken des Wachseins hatte sich mir noch gezeigt – ganz unwidersprechlich –, daß mein Versagen vom heutigen Morgen nicht mehr gutzumachen war, da mochte mir immer das glückhafte Vehikel auf jener Untergrundstrecke ein zweites Mal herangekommen sein. Hinter sein erstes Erscheinen konnt' ich nicht mehr zurück: denn inzwischen hatten sich der gemachte Fehler und die geschehene Entgleisung mit ihren entsprechenden und rasch herangetretenen Sachen fest verbunden, ja amalgamiert. Die Entgleisung war zu einer Umwelt gekommen, und so erst ganz konkret geworden. Sie würde mir noch zu schaffen machen. Ich wußte es, als ich einschlief.

Um sechs Uhr rief Alsberg an. Ich hatte gelesen. Die Klingel fuhr wie eine Klinge zwischen mich und mein Buch.

Aus seiner Stimme schon wußte ich alles. Die Hofrätin war tot. Es wirkte auf mich als würde ein Span von meinem Leben abgespalten bis in die Jugend hinab.

Er berichtete: das Haustor sei verschlossen gewesen, der Hausmeister halte es am Sonntag dort immer so und habe auch nach langem Läuten nicht geöffnet (die Willkür dieser Leute kennt in Wien keine Grenzen). Alsberg, ratlos vor dem Haustor stehend, sei schließlich vom Hausmeister, der nicht aus dem Tore kam, sondern den Gehsteig entlang, vielleicht aus dem Beisl an der Ecke, autoritativ zur Rede gestellt worden, was und zu wem er da wolle. Nachdem er den Mann unterrichtet hatte, sperrte dieser auf, sie stiegen ins Hochparterre und läuteten bei der Hofrätin, wo sich nichts rührte. Es war festzustellen, daß der Schlüssel innen stecke. Ob man nicht trotzdem eindringen könne? meinte Alsberg. Denn vielleicht könne man den Schlüssel mit irgendeinem Instrument herausstoßen? Ob er, der Hausmeister, Schlüssel habe? Ja, sagte dieser, aber so etwas mache er nur in Gegenwart von Polizeibeamten; und ging solche holen. Alsberg blieb auf dem Treppenabsatz. Der Hausmeister kam nach zehn Minuten mit zwei uniformierten Polizisten zurück. Nun ward der Schlüssel herausgestoßen und aufgesperrt. Die Hofrätin lag im Schlafzimmer auf dem Bette, im Negligé. Sie war kalt. Der danach erschienene diensthabende Arzt nahm an, daß der Tod schon am Morgen eingetreten sei. Die Verstorbene mußte, auf dem Bette liegend, sich erbrochen haben. Es waren Spuren solcher Art vorhanden. Eine Obduktion erschien hier nach den geltenden Bestimmungen unumgänglich. Der Arzt ließ die Leiche sogleich in das gerichtsmedizinische

Institut verbringen und die Wohnung ward amtlich versiegelt.

Nun aber begann des Herrn von Alsberg eigentlicher Notstand. Denn einmal mußte er am nächsten Tage schon, und zwar unbedingt, nach Berlin zurückfliegen. Zweitens aber wußte er, daß die jüngere Schwester der Hofrätin mit ihrem Mann im Wagen nach Italien gefahren sei (er war selbst beim Abschied zugegen gewesen), daß ihre Stieftochter gar nicht in Wien lebe, und von weiteren Angehörigen war ihm nichts bekannt (auch mir nicht). Er hatte, auf Anraten seiner Pensionswirtin, das Beste getan, was hier noch zu tun war: nämlich über den Rundfunk eine Aufforderung zur sofortigen Heimkehr an die Schwester hinausgehen lassen, die in Italien umherreiste und dort freilich ohne feste Anschrift war. Nun, und sonst hatte er nur mich.

Ich sagte ihm, der sehr erschüttert schien, er möge nur getrost reisen, ich dankte ihm für seine Umsicht und für das von ihm Veranlaßte. Ich erwähnte noch, daß ich morgen bereits mit dem gerichtsmedizinischen Institut mich in Verbindung setzen werde und nach Freigabe der Leiche alles zu einem Begräbnisse Erforderliche veranlassen wolle. Wir trennten uns am Telephon mit guten Wünschen. Während des Gespräches aber sah ich meinen Umweg zum Schreibtische, den ich heute am Morgen schuldhaft verlassen hatte, immer länger werden. Er führte an vielen Einzelheiten vorbei.

Für heute, Sonntagabend, blieb nichts mehr zu tun. Ich ging ins Café. Schon saß mein lieber Meister dort. Ich schrieb meine Neuigkeiten auf ein Blatt aus meinem Notizbuch und schob ihm das hin, da ich denn hier so laut nicht reden wollte, wie es seine Schwerhörigkeit erfordert hätte. Wir beschlossen, morgen jeder auf die Bank zu gehen und einen größeren Betrag abzuheben. Das würde dann reichen. Wenn einer krank wird oder gar gestorben ist, braucht er vor allem Geld. Denn obwohl die Leute für solche Fälle ihr ganzes Leben hindurch im voraus zahlen, müssen sie trotzdem dafür immer noch Geld bereit haben, welches sie dann erst hintnach wieder vergütet bekommen. Überdies sind meistens jene gerade im Urlaub, die darüber zu entscheiden haben.

Unsere lieben Urlauber! Im Herbste werden sie »Dias« mitbringen.

Er hörte nicht gerne von Todesfällen, mein Professor. Nachdem er den Zettel, welcher ihm von mir zugeschoben worden war, gelesen hatte, sah er mich mit weit geöffneten Augen an, die klar waren, wie ein Forellenbach, und schwieg. Auch er hatte die Hofrätin seit ihrer Jugend gekannt. Sie war fast zehn Jahre jünger als er gewesen. – Wir beschlossen dann noch, einander hier im Café morgen um dieselbe Zeit wieder zu treffen.

Am folgenden Tage erwachte ich schon um halb sechs. Dieser Glücksfall ermöglichte es mir, im laufenden Texte den Anschluß zu kriegen, und die hiedurch bewirkte gute Verfassung ließ mich klar erkennen, daß ich die nun unvermeidlichen Abhaltungen widerspruchslos würde zu konsumieren haben. Ich sah diese Abhaltungen durchaus als mein eigenes Produkt an. Die nötige Distanz war gewonnen, und mit ihr Geduld und Umsicht.

Ein Sarg aus Brettern und ein Hemd von schwarzem Papier: so etwa wird eine freigegebene Leiche auf öffentliche Kosten bestattet, wenn sonst niemand es übernehmen will; das hatte ich sagen gehört; ob zutreffend oder nicht, es mußte einmal gleich ausgeschlossen werden. Ich rief das »Gerichtsmedizinische« an und hatte Glück, insoferne, als ich einen Doktor an den Apparat bekam und nicht irgendeinen hausmeist'rischen Unhold. Ich stellte mich genau mit Namen und Adresse vor und gab die nötige Erklärung ab.

Es war die Freigabe nicht vor Dienstag, also morgen, zu erwarten und ich wurde gebeten, an diesem oder dem folgenden Tage wieder anzufragen.

Die Tote mußte dann freilich von einem Leichenbestattungs-Institute übernommen werden und ich versicherte mich alsbald eines solchen. Hier tauchte die erste Schwierigkeit auf: wo sollte sie bestattet werden? Auf einem römisch-katholischen Friedhofe, wohl, aber auf welchem? Wo lag ihr Mann? Wie konnt' ich das erfahren? Nun, dies Problem wurde mein Kreuz nicht; denn auf der Universität sagte man mir den Friedhof genau. Es war der Grinzinger. Doch mußte ich jetzt dort hinausfahren, um die Grablage feststellen zu lassen. Ich gab sie dem Bestattungs-Unternehmen dann bekannt.

Bei dieser Gelegenheit war es, daß sie den Text der Traueranzeige von mir erbaten (den konnt' ich aufsetzen und tat's im Namen der in Italien reisenden Dame) und auch die Anschriften, an welche diese Anzeige würde zu versenden sein. Hier aber fand ich mich ratlos.

Ich begann ernstlich nachzudenken. Sie war vor Zeiten schon durch ihre Heirat in einen ganz anderen Menschenkreis geraten, Professoren, Hofräte und andere Honoratioren; von mir führten da keine Brücklein hinüber und die wenigen vorhandenen waren abgerutscht und in einen sich verbreiternden Spalt gefallen, der uns zunehmend trennte. Vielleicht wußte mein Lehrer Rat, der solche Persönlichkeiten eher kannte als ich. Wir sollten ja heute noch zusammentreffen (auf der Bank war ich zwischendurch auch gewesen). Erstaunlich genug: die verstorbene Hofrätin und ich, wir hatten keine gemeinsamen Bekannten mehr gehabt! Endlich fand ich am Grunde meines Gedächtnisses zwei Damen, von denen eine sogar in meiner Nähe wohnte. Die zweite war ebenfalls eine Hofrätin. Ich konsultierte das Telephonbuch, erhielt in beiden Fällen sogleich Verbindung und – von weiblichen Stimmen, seien das nun Töchter oder Haushaltsorgane gewesen – die Auskunft, daß die gnädige Frau sich im Urlaub befinde, die eine in Griechenland, die andere in Portugal.

Unsere lieben Urlauber! Im Herbste werden sie Filme mitbringen.

Mein Lehrer wußte übrigens ebensowenig Rat. Er nannte nur die schon erwähnten zwei Damen.

Ich bestellte auf jeden Fall fünfzig Partezettel. Weniger ging nicht. Die drei, welche ich versenden konnte, waren an die Wiener Adresse der Schwester, die ich gleichfalls im Telephonbuche fand, zu richten, so wie an die erwähnten anderen zwei im Urlaube befindlichen Damen.

Wer sollte hinter diesem Sarge gehen? Ich ganz allein? Mein Professor versprach es seufzend. Er mied sonst Begräbnisse grundsätzlich.

Es galt nach Freiwerden der Leiche, wenn diese vom Bestattungs-Institute übernommen und pfleglich behandelt worden war, die Tote auch zu bekleiden, denn aus ihrer Wohnung war sie freilich in jenem Zustande weggebracht worden, in welchem man sie vorgefunden hatte. Woher aber sollte ich die Garderobe nehmen? Von unseren lieben Urlauberinnen war sie nicht zu kriegen. Die Wohnung der Hofrätin aber blieb versiegelt und würde wohl erst nach Freigabe der Leiche geöffnet werden dürfen. Die Leute von der Leichenbestattung drängten, denn noch immer stand ja der Tag des Begräbnisses nicht fest: man konnte denn auch die Partezettel nicht drucken. (Ich entschloß mich schließlich zu schreiben »die Beisetzung hat in aller Stille auf dem Grinzinger Friedhofe stattgefunden«.)

So stak ich im Engpaß der Lage. Jedoch hieß es hier: zu Ende dienen. Am Schluß dieser Reihe von Einzelheiten stand mein Schreibtisch. Ich glaubt' es fast nicht mehr.

Am Dienstag ging ich aufs »Gerichtsmedizinische« und traf dort glücklicherweise den gleichen Doktor – ein junger Mann – mit dem ich telephonisch gesprochen hatte. Er sagte mir, daß die Leiche bereits freigegeben sei. Auch bemerkte er einiges über die Todesursache, was ich aber nicht ganz verstand, denn er bediente sich der medizinischen Terminologie. Vielleicht hielt er mich sogar für einen Arzt, weil ich mich ihm am Telephon mit dem Doktorgrade vorgestellt hatte. Soviel entnahm ich (aber vielleicht falsch), daß ein alter Herzfehler mit einer an sich noch nicht lebensgefährlichen Darmvergiftung koinzidiert habe und der Organismus, als solcher überhaupt schwächlich, das nicht mehr hatte bewältigen können.

Ich sagte ihm von der Situation, in die ich geraten war, da alle Angehörigen der Verstorbenen auf Urlaubsreisen sich befänden, und ich die Tote also bestatten lassen müsse. Doch könne ich nicht an ihre Kleider gelangen, weil die Wohnung versiegelt sei.

»Das fällt automatisch weg, wenn wir die Leiche freigeben«, bemerkte er. »Aber vielleicht läßt es sich beschleunigen.« Sodann fragte er mich nach der Adresse der Verstorbenen und ließ sich mit dem zuständigen Polizeikommissariate verbinden.

Das hatte zur Folge, daß ich am gleichen Tage noch die Wohnung der Hofrätin betreten konnte; nicht ohne vom Hausmeister verhört worden zu sein. Das Bestattungs-Institut übernahm indessen die Leiche. Ich hatte wissen lassen, daß ich Kleider bringen werde.

Vor allem betrinkgelderte ich Herrn Wybiral (den Hausmeister) saftig und gewann ihn auch dadurch, daß ich ihn bat, seine Frau (»Gemahlin«) mit nach oben zu nehmen, denn »ich kenne mich ja mit Damensachen nicht aus«.

Die Wohnungstüre öffnete sich, wir traten ein. Die Räume erschienen mir wieder sehr hoch. Sogleich waren Naphthalin oder Kampfer zu spüren (ich fand den großen Garderobeschrank dann offen stehend). Frau Wybiral, eine derbe, vom Kochen verschwitzte Schönheit, etwa dreißigjährig, strebte uns voran durch den großen Salon geradewegs ins Schlafzimmer. Die Luft in der Wohnung war nicht dumpf, jedoch auch nicht kühl, sondern von laulicher Unbewegtheit. Im Schlafzimmer bot sich das ungeordnete Bett mit den befleckten Kopfkissen.

Hatte sich die Hausmeisterin einen Anlauf und Schwung nehmen müssen und kollerte nun gleichsam übers Ziel? Die Art, wie sie hier die Schränke aufriß, herumwirtschaftete unter den Sachen der Hofrätin, Wäsche und Kleider durcheinander warf, dies und jenes geringschätzig beiseite fliegen lassend: es bedeutete so etwas wie den demonstrativen Einbruch in eine ihr bis nun verschlossene Welt, entfernt verwandt etwa dem Benehmen eines Plünderers in einer eroberten Stadt. Herr Wybiral und ich standen in dumpfer Ergebung. Zwischendurch ging die Gemahlin hinaus und kam nach einer Weile mit einem großen braunen Postkarton zurück, den sie irgendwo gefunden hatte. Hier wurden Wäsche, Kleider, Schuhe und Strümpfe hineingetan. Der Hausmeister schritt jetzt musternd durch die Zimmer. Ich benützte die sich bietende Gelegenheit und drückte Frau Wybiral einen vorher schon bereitgehaltenen Geldschein in die Hand. Alsdann, am Schreibtische des Hofrates, ward ein Verzeichnis der entnommenen Sachen aufgesetzt, das ich quittierend unterschrieb. Ich erkannte – in einem Aufblitzen – diese ganzen Vorgänge gewissermaßen als den Höhepunkt meiner Verirrung in die Affären anderer Menschen.

Frau Wybiral fand es weiterhin zu meiner Überraschung offenbar nicht angemessen und standesgemäß, daß ich den Karton mit den Kleidern selbst zum Leichenbestattungs-Unternehmen transportiere. Sie erbat die Adresse. Wollte sie mich etwa kontrollieren und sich vergewissern, daß ich nicht gedachte, mir die Sachen anzueignen? Ich beschloß jedenfalls, dem Ehepaar einen Partezettel zu senden (mir war da jeder Abnehmer willkommen) und den ganzen übrigen Packen – 45 Stück, denn ein Exemplar kam ins Schaufenster der Leichenbestattung – an die Schwester der Verstorbenen schicken zu lassen.

Am nächsten Tag trat Beruhigung ein. Der Termin des Begräbnisses stand schon fest: Donnerstag, 11 Uhr. Ich besorgte noch die Kränze: einen im Namen der Schwester, einen im Namen des Professors und einen als letzten Gruß von mir selbst. Den lieben Meister traf ich im Café. Wir rechneten die geteilten Gesamtkosten ab und ich gab ihm seinen Rest zurück.

Doch, wie immer: es hatte dieses von mir arrangierte Begräbnis – »mein Begräbnis«, so empfand ich's schon im Eifer! – einen entschiedenen Schönheitsfehler, der mich wurmte: die geringe Zahl der Leidtragenden, welche dem Sarge folgen würden; der Professor und ich, also zwei Mann. Wahrlich »in aller Stille«! Was sollte sich der hochwürdige Pfarrer denken?

Ich gestattete mir an diesem Mittwoch vor der Beerdigung (nachdem ich den schwarzen Anzug nebst Zubehör mit Hilfe meiner Bedienerin geprüft und alles bereit gemacht hatte) einige Erholung, das heißt, ich bummelte in der hochsommerlichen Stadt. Bald jedoch kam ich mir dahinter, daß ich im Grunde nur irgend jemand suchte, den ich hätte dem morgigen Kondukte noch beipressen können: das ist das rechte Wort, denn ich wäre auch zu Zwangsmethoden im Grunde durchaus gewillt gewesen, wenn solche sich gegebenenfalls hätten anwenden lassen.

Am Grunde meines Gedächtnisses zeigte sich nichts mehr, so sehr ich dort herumgraben mochte: es blieb bei den beiden Urlauberinnen. Mir ist später klar geworden, daß ich dabei den Fehler begangen hatte, immer nur um die Hofrätin selbst herumzudenken – die ich in den langen Jahren ihrer Ehe höchstens vier- bis fünfmal gesehen hatte –, nicht aber an die Zeit vorher, an das Haus ihrer verwitweten Mutter, wohin ich als junger Mann öfter und sehr gerne gekommen war, als beide Schwestern noch daheim lebten.

Eben diese Zeit wurde mir jetzt plötzlich nahe gebracht, als spränge an meinem Wege ein Türchen auf. Ich kam an einer gegen das Trottoir zu ganz offenen Bar vorbei – es war in einer schmalen und schattigen Gasse der Inneren Stadt – und wurde angerufen.

Hier saß der Herr Emanuel Ritter von W., den man

Emo nannte – wir waren im zweiten Weltkrieg am gleichen Frontabschnitte gewesen – mit einem anderen ehemaligen Kameraden beisammen, dem Freiherrn von H., den ich aus einer Offiziersschule der k. u. k. Zeit kannte. Beide Herren waren mir wohl etwas entlegen; aber nun rückten sie ganz nahe. Sie hatten gleichfalls bei der Mutter der verstorbenen Hofrätin verkehrt.

So gab ich ihnen denn die traurige Nachricht, auch daß wir die Hofrätin morgen um elf Uhr in Grinzing begraben würden.

»Ja, so, so«, sagte Emo. »Diese dicke Frau!«

»Was redest du denn?!« rief ich aufgebracht. »Ihr Mann war dick, sie aber schlank und zart.«

»Ganz recht, hast' ganz recht«, sagte er. »Mann dick, Frau dünn.«

»Nicht umgekehrt«, lallte der Baron H.

Ich erkannte jetzt erst den Sachverhalt.

»Ihr seid ja besoffen«, sagte ich.

»Ja«, antwortete Emo, »seit vorgestern. Wir haben beide Urlaub, bringen es aber nicht fertig wegzufahren. Wir sind hängen geblieben. Seit vorgestern.«

Das machte mir die beiden nun wesentlich sympathischer. Aber in ihrem vorgeschrittenen und schon verglasten Zustande waren sie doch ganz unansprechbar geworden und ich hegte keine Hoffnung mehr, sie dem Kondukte beipressen zu können. Ich bezahlte mein Getränk und empfahl mich herzlich aber entschieden, denn sie wollten mich festhalten.

Daß mir in dieser Angelegenheit auch noch Betrunkene in den Weg kamen, wirkte verstimmend, wenn nicht erbitternd auf mich. Ich gab den Gedanken einer vielleicht doch noch möglichen Vergrößerung des Konduktes gänzlich auf und begab mich nach Hause.

Hier verbrachte ich auch den Abend, ohne mehr auszugehen. Die Tote trat mir jetzt näher als es bisher, seit Sonntag, der Fall gewesen, und im rötlichen Abendlicht, das die Dächer widerstrahlten, schien sie in liebenswerter Weise als ein halbdurchsichtiger Schatten zwischen mir und meinem kleinen Arbeitstische zu stehen. »Ich habe mich zu wenig um dich gekümmert«, so sprach ich sie an, »und inzwischen hast du ein ganzes Leben zu Ende gebracht. Es war ein zartes Leben, am ehesten dem einer Pflanze zu vergleichen.«

Ich ging lange in meinen Zimmern auf und ab. Trennung von allem und jedem, Bitternis, Einsamkeit und Angst zogen eine schwere Spur durch mich. Endlich blieb ich bei den Flaschen und Gläsern stehen und trank einiges. Fast schien's mir jetzt, als hätten Emo und der Baron H. das bessere Teil gewählt, mochte ich mich gleich an ihnen heute geärgert haben.

Der nächste Tag ging milchig auf, bei geringer Hitze, er trat aus den Schleiern hervor. Diese aber blieben.

In der Einsegnungshalle sah ich zu meiner Überraschung vier Personen wartend stehen. Die beiden Herren von gestern drückten mir die Hand. Weiter rückwärts stand das Ehepaar Wybiral. Außer den drei Kränzen lagen auf dem Sarge ein mächtiger Strauß weißer Rosen und ein Gladiolenbukett in gleicher Farbe. Der Professor kam und stellte sich stumm zu uns. Bald setzte das Harmonium ein, und der Priester erschien im weißen Chor-Rocke.

Als wir dann draußen hinter dem Sarge schritten – ein gutes Stück – sah ich, daß die Ferne und die sanften Berge im Dunste lagen. Ihnen ging ich entgegen. Der Freiheit. Dem Frieden. Und um nie mehr davon abzufallen!

»Liebe Leidtragende und Hinterbliebene«, sagte der Pfarrer am offenen Grabe. Er hätte wohl auch sagen können »Hiergebliebene« (statt »Davongefahrene«), und, merkwürdig genug, ich verstand ihn zuerst auch so.

Nach der kurzen und herzlichen Rede des geistlichen Herrn, der uns versicherte, daß es nur eine einzige Hoffnung gebe, nahm mein Lehrer das Wort.

Ich hatte in diesen Augenblicken schon eine dunkle Bewegung zwischen entfernteren Gräbern bemerkt, die gegen uns herankam. Jetzt waren sie näher, und zuletzt schien es, als hätten sich schwarze Vögel – so sahen diese Damen aus – rund um uns und das offene Grab niedergelassen. Die Rede meines Lehrers rollte gewaltig dahin und die schwarzen Vögel hatten alle die Schnäbel halb offen und bewegten sie dann und wann, als wollten sie was sagen, zu Worte kommen und sich erklären. »Nieder mit ihnen!!« dachte ich. »Nieder mit den Filmen, den Dias, den zuckerlrosa Farbphotos, dem Lenkrade, den Handschuhen!!« Und mein Lehrer besorgte es. Er redete aus voller Brust, mit tiefer öliger Stimme, im scrotalen Basse: »Die arme Frau, welche wir heute begraben, ist allein gestorben. Wolle dies uns allen ein Zeichen bedeuten, daß wir, so umgeben und umhegt wir immer sein mögen, doch auch durchaus allein leben. Der Einsamkeit entrinnt keiner. In ihr allein ist aber auch der Frieden. Sie hat ihn jetzt ganz gefunden. Wie gelebt, so gestorben.«

Die Schnäbel der schwarzen Vögel rührten sich nicht mehr. Jetzt trippelten sie, mit den großen, finsteren, zusammengefalteten Flügeln der steifen Schleier, an die Grube. Und jedwede Kralle griff das Schäufelchen und warf ein wenig Erde hinab, die mit einem trockenen und sich zerstreuenden Geräusch auf den Deckel des Sarges fiel.

Unter schwarzen Sternen

Der Oberst, nachdem ich bei ihm mich gemeldet hatte, wies mir einen Sessel neben seinem Schreibtische, und bevor ich noch saß, war zwischen uns alles in Ordnung und eine jener Inseln gebildet, auf denen alter und üblicher Brauch zwischen Offizieren sich hielt, gegen einen anbrandenden hektischen Zustand, welcher den Herren späterhin, nach Juli 1944 nämlich, sogar den militärischen Gruß verbieten sollte, ihn durch eine phantastische Gebärde des rechten Armes ersetzend.

Das Institut, man nannte es »Dienststelle« (offenbar vom abscheulichen Zusammenstoß zweier gleicher Doppelkonsonanten wenig gestört), dem ich jetzt, nach einem Jahr an der russischen Front, als Prüfer und Gutachter angehören sollte, war eines von den allerüberflüssigsten der Luftwaffe, was allein daraus bereits hervorgeht, daß man 1943 schrieb und hier Anwärter für die Offizierslaufbahn examinierte, aktiv und Reserve. Die Sache erschien damals als ganz ebenso absurd schon wie heute. Doch sagte das niemand, begreiflicherweise.

Auch ich nicht. Freilich genoß ich bewußt die Vorteile meiner Lage, und ich suchte diese Lage zu befestigen, wie alle anderen auch: ich examinierte die jungen Leute nach verschiedenen Richtungen, sei's Turnen, Redefähigkeit, Aufsatz und anderes noch, ich verfaßte sorgfältig, wenn auch schnell, die Gutachten über die Anwärter (zu welchem Zwecke man jeden zweiten oder dritten Tag ansonsten keinen Dienst hatte!), trieb dabei auch ein wenig Pseudopsychologie, und schrieb in die Rubrik »Geistig« hinter dieses Wort stets in Klammern das Sätzchen »soweit davon die Rede sein kann«, sozusagen um wenigstens das Decorum und einen Rest von Anstand zu wahren. Dann und wann einmal machte ich in der Offiziersbesprechung einen Vorschlag zur Verbesserung der Methodik, deren einen der Oberst aufgriff. Alles »ut aliquid fecisse videatur«. Ich wohnte zu Wien in meiner eigenen Wohnung und trug außerhalb des Dienstgebäudes nur Zivil. Pax in bello. Wer es versteht und den Weg weiß, der lebt auch in der Hölle behaglich, sagt ein tibetanisches Sprichwort. Die Offiziersmesse und was man dort an Gesprächen hörte, war allerdings erschröcklich. Doch alles lernt sich. Auch gab es hier nicht nur Dummheit, sondern wirkliche und wirksame Meisterstücke der Heuchelei. Nur der Oberst V. war unvorsichtig. Ich bangte oft um ihn, er hatte hier nicht nur Freunde. Übrigens forderte er vier Wochen nach meiner Meldung, vorgreifend der erst nach acht Wochen üblichen Rückfrage des Luftfahrtministeriums, daß meine Kommandierung in eine definitive Versetzung verwandelt werde.

Data ohne Interesse, doch erforderlich um zu verstehen, daß ich damals ein solches Leben führen konnte, wie ich tat, während die Front im Osten, von der ich kam, weiter bestand und dann zusammenbrach: und ich hier, pax in bello, in der Hölle behaglich! Aus den Fenstern meiner sehr hoch gelegenen Wohnung sah ich ins gleiche steinerne Panorama, wie vor alledem, bevor der ganze Schrekken nach Wien gekommen war und wir unser »Café Rathaus« in »Café Ratlos« umbenannten. Aber jetzt erst war der Ausblick ganz versteint. Ich stand frühzeitlich auf am Morgen und saß im Zivilanzug an meinem Arbeitstische. Gestern war »geprüft« worden. Heute: »Ausarbeitung der Gutachten«. Man brauchte da nicht vor zehn Uhr im Dienstgebäude zu sein. Tee oder Kaffee war noch gut, ich hatte seinerzeit größeren Vorrat in Frankreich kaufen können, Zigaretten vorhanden. So saß ich denn an diesem Herbstmorgen am Tischlein, und hielt aus allen Kräften fest und giltig, was ich noch heute fest und giltig halte. In dieser Hinsicht besteht zwischen den beiden Zeiten kein Unterschied.

Alles andere jedoch ist unbegreiflich geworden. Das

»Prüfen«, die »Dienststelle« (wo ich übrigens ein schönes Arbeitszimmer für mich allein hatte, darin ich manches vorwärts bringen konnte), und daß wir dies Theater, welches uns alle durch Jahr und Tag rettete, überhaupt zu betreiben vermochten; am allerunbegreiflichsten aber die Zusammenkünfte bei dem Rechtsanwalte Doktor R.

Das Panorama war endgültig versteint, es gab kein Grün, ja, ein einzelner Baum tief unten in einem Hofe, den ich da immer gesehen hatte: er schien verschwunden. Vielleicht den Luftschutzarbeiten zum Opfer gefallen; überall grub man ja herum, baute auch monströse Flaktürme, verdarb dies und das – wie etwa das schöne Schlößchen Cobenzl, heute noch Ruine, ohne daß ein Geschoß es je getroffen hätte – und im Grunde alles. Wenn schon nicht anders, dann durch jene merkwürdige Versteinung, so daß alle Aura zwischen den Dingen wich, und selbst in den vertrautesten Vorstadtgassen in den Boden sank und verschwand. Auch die alten Häuslein in Heiligenstadt oder Sievering starrten einander quer über die Gassen leblos an, ja sie konterten sich gleichsam gegenseitig, und den, der durch die Gasse ging, noch dazu. Man ward sozusagen nirgends mehr an- und aufgenommen.

Der Rechtsanwalt Dr. R. war im Elternhaus als Student mein Erzieher gewesen, oder »Hofmeister«, wie man damals zu sagen pflegte. Ein schöner Mann von vielerlei Fähigkeiten, hochdekorierter aber schwerinvalider Offizier des ersten Weltkrieges: so blieb ihm jetzt seine ausgebreitete Praxis erhalten. R. war ein hervorragender Jurist. Später bei seinem Begräbnisse habe ich über die ungeheure Zahl von Menschen gestaunt, welche den Toten geleiteten und solchem Staunen auch Worte verliehen, einem Bekannten gegenüber. Dieser, der nachmalige Präsident des Straflandesgerichtes I in Wien, Hofrat Dr. N., erwiderte trocken: »Was du hier siehst, sind mehrere hundert Jahre nicht abgesessener Freiheitsstrafen.«

So war es in der Tat. R. war im vollsten Sinne immer ein

Freund der Bedrängten, mochten sie sein wer sie wollten, Industrielle, Ministerialbeamte oder Fleischhauer, und mit ihren Angelegenheiten hatte er stets alle Hände voll zu tun. Auch damals, 1943, was einiges heißen will. Denn dieser Jurist kam ja aus einem Rechts-Staat. Und mit ihm hatte er wesentlich den Boden verloren.

Wie wir alle, übrigens, die bei ihm zusammenkamen. Aber er war ein Meister im Wassertreten (und, was mich betrifft, war ich zur Zeit auf dem besten Wege, ein Meister im behaglichen Höllenleben zu werden).

Wie man's denn damals überhaupt machte, daß man morgens noch aufstand, und wieder, und wieder? Emporgehoben und dahintreibend auf einer breiten Woge des Unsinns, obwohl wir es doch wußten und sahen, und um so schlimmer! Aber dieses Wissen allein war es zuletzt, was uns überleben ließ, während viel Bessere als wir verschlungen wurden. Der Krieg, aus dem tiefen Unfrieden eines totalitären Staatsgebildes manifest geworden, mußte damit nicht nur jedem Einsichtigen von vornherein als verloren gelten, vielmehr war eben dies die Voraussetzung unserer Rückkehr aus einer blutigen Blutlosigkeit zur eigentlichen Existenz. Was geschah und ablief, trug daher für uns alle einen zwar alten aber falsch gewordenen Namen, nämlich den des Krieges, wenngleich wir doch wußten, daß es nur der letzte Ab- und Auslauf eines zur Gigantomanie gelangten Un-Sinns war, im wörtlichsten Sinne. So im Nichts gefesselt, bei gehenden Tatsachen, die doch eigentlich keine solchen waren, die man hätte erleben können, da es nur abzuwarten und zu überleben galt, wurde jeder Tag zum schwindligen Raum ohne Halt und Handgriff. Als unausweichliche Folge kam es leicht zu einer Kette von Exzessen, deren Circulus vitiosus nicht abriß, und an welchen sich auch die Vernünftigsten und Mutigsten unter uns beteiligten. Denn auch sie bedurften der Betäubung.

Man »prüfte« damals bei der »Annahmestelle« noch in Kommission, wobei wir alle nebeneinander hinter Tischen saßen, der Kommandeur Oberst V., neben ihm noch ein Oberst, sodann zwei Oberstleutnants, ein Major, zwei Hauptleute. Ich, als der jüngste und geringste, links-außen. Die Prüflinge im Klassenzimmer uns gegenüber. Das Gebäude hatte einst den Schulbrüdern gehört – und gehört ihnen heute wieder – einer Kongregation, die sich wesentlich dem Unterrichte widmet.

Die halbwüchsigen Burschen hatten ihren Kameraden über irgendein frei gewähltes Thema einen viertelstündigen Vortrag zu halten, und in dieser kurzen Zeit mußte die Sache in den Grundzügen bewältigt sein. An sich war die Methode nicht dumm, denn man konnte doch sehen, wie so ein Mensch stand und ging, redete, die Hände bewegte, sich überhaupt anließ, und schließlich auch, was er wußte (weniger wichtig). Wer freilich fähig und geneigt war dazu, vermochte wohl auch mehr zu erkennen.

Die alten Germanen wurden mit Vorzug behandelt, ob auch immer mit Vorliebe, ist nicht sicher. Einer, nachdem er die altgermanische Gemeinfreiheit geschildert hatte (vom perfekten Kommunismus der germanischen Dorf-Verfassung, wo die Höfe und Gewanne Jahr für Jahr reihum wechselten, sagte er nichts), kam bald auf Karl den Großen zu sprechen (dem's dabei nicht gut erging), und hier war nun auf einmal von Leibeigenen und Halbfreien die Rede.

Der Oberst, am rechten Flügel, der die Lücke wohl merkte, beugte sich ein wenig vor und blickte zu mir herüber.

»Du sagst«, bemerkte ich dem Prüfling, es war ein Junge aus Flensburg, von so weit her kam unsere Kundschaft, »die alten Deutschen seien alle freie Männer gewesen. Und nun sprichst du von Leibeigenen. Hier muß inzwischen einiges passiert sein. Kannst du mir sagen, was?« (Wir hatten die Anwärter mit »du« anzureden.)

»Jawohl, Herr Hauptmann«, rief er und nahm mit

Klapp und Knall Haltung an. »Die Äbte hatten die Bauern geknechtet, indem sie ihnen mit der Hölle drohten.«

»Woher hast du den Unsinn?« fragte ich.

Was nun kam, erinnerte mich an eine Zeit, da ich eifrig dem Studium der Reptilienkunde obgelegen war. Der dürre blonde Junge mit den starr aufgerissenen blauen Augen versteifte sich und reckte sich mit dem Oberkörper auf wie gewisse Eidechsenarten, wenn sie erschreckt werden. Dann schrie er mich geradezu an, immer noch in strammer Haltung: »Von der H. J., Herr Hauptmann!« (und meinte damit die »Hitler-Jugend« genannte Organisation).

»Na servus«, sagte ich, aber mehr nicht.

Der Oberst, in diesem Augenblicke, begann laut zu lachen, über den Buben, über mich, oder über uns beide, ich weiß es nicht. Die anderen Herren lachten, wie üblich, mit, so wie eine Gymnasialklasse lacht, wenn es der Professor tut. Es ist ja das Militär gewissermaßen ein Kinderzimmer der Erwachsenen. Einer der Offiziere winkte dem nordischen Knaben mit dem flammenden Blicke, sich zu setzen. Noch während des Gelächters beugte sich mein Nachbar, der Luftwaffen-Hauptmann (ein ehemals österreichischer Offizier, daher duzte er mich) zu mir und sagte leise aber deutlich:

»Ich mache dich darauf aufmerksam, daß du hier dem Leichenbegängnisse einer Kultur assistierst.«

Das Lachen des Obersten war mir zu unverhohlen gewesen, er hatte herzlich gelacht, als spiele man eine Posse. Ein im Grunde argloser Mann. Für meine Gegenrede hätte ich wohl jeden sachlichen und fachlichen Beweis antreten können. In bezug auf sein Gelächter gab es derlei nicht. Es offenbarte seine Gesinnung weit mehr, als jener Einwand, den ich getan hatte, die meine.

Mir war nach diesem allen nicht wohl zumute. Ob der Vorfall den Anlaß bildete, daß der Oberst nun nicht mehr kommissionell prüfen ließ, sondern einzelweise, ist mir nicht bekannt geworden. Jedenfalls hatte jetzt jeder Offizier die ihm von der Kanzlei zugeteilten Anwärter in seinem Arbeitszimmer allein und gründlich zu examinieren. Daß dieser Umstand für mich noch würde bedeutend werden, konnte ich damals nicht wissen.

Was in der geräumigen Wohnung des Rechtsanwaltes Dr. R. sich zusammenfand, war nicht nur bunt und gemischt, sondern durcheinander gerüttelt, und so ein volles Maß der Zeit.

Man sah weit aus den Fenstern der mehreren Zimmer, die nebeneinander im dritten Stockwerk an der Front eines Hauses am Favoritenplatze lagen, an dessen geschlossener Schmalseite, mit dem Blicke hoch über einen kleinen Park hinweg auf Viadukt und Geleise der Südbahn: alles das am Abende im Finstern, bis auf die wenigen Lichter des Bahnkörpers. Im mittleren Zimmer stand ein großer Konzertflügel. Es gab unzählige Fauteuils und Diwans, und zwar in allen Räumen.

Wir kamen am späten Nachmittage zusammen. Es muß hier ergänzend bemerkt werden, daß Luftangriffe in Wien damals noch unbekannt waren, was die Wiener zu der kindischen Einbildung verführte, sie seien davon überhaupt ausgenommen und die Verdunklung stelle nur eine Schikane vor.

Jedesmal, wenn ich in diesen Monaten an einem Fenster von R.'s Wohnung stand und zu der Südbahnstrecke hinübersah, die dort ja den Bahnhof eben erst verlassen hatte, traf mich fein, aber durchdringend der Hauch jener früheren Zeit, aus der wir gefallen waren, aus der es uns unversehens hinausgestoßen hatte als aus einer – wie es jetzt erschien – nie, oder nur selten benützten Freiheit. Denn wie oft, fragte ich mich, war man denn schon auf den Semmering gefahren, oder weiter, an die Kärntner Seen und in den Süden? Nun war's erloschen. Man stand bis an die Knöchel wie in Stein. Dort oben am Himmel noch kein Stern sichtbar. Vielleicht waren sie ausgebrannt, starrten wie Kohle.

Die Tür ging hinter mir, Albrecht (so hieß der Dr. R.) kam wieder herein, mit Gästen.

Bevor man Licht machte, ward die Verdunklung herabgerollt.

Es war eine außerordentlich schöne Frau, die jetzt eintrat, doch erschrak ich bei ihrem Anblick darüber, daß sie immer noch hier war; und jedermann in unserem Kreise empfand das wie selbstmörderischen Leichtsinn, um so mehr, als alle Bedingnisse für ihre Abreise geordnet vorlagen. Sie war die Tochter eines ehemaligen k. u. k. Generalstabsarztes. Eine alttestamentarische Schönheit. Mit ihr kam mein Freund, der Stabsarzt und spätere Professor Dr. E., damals ein noch junger Mann. Beide Eintretenden lachten.

Mit solchem Eintritte, mit meiner Anwesenheit bei Albrecht, ferner mit dem Erscheinen eines meiner liebsten Freunde, welcher der sogenannten SS angehörte, sodann eines anderen aus dem Kreise, der gleich sein »Unterseeboot« mitbrachte – eine ältere jüdische Dame, die in seiner Wohnung versteckt lebte und ihm das Leben schwer machte –, endlich mit der Ankunft eines Opernsängers, der seine Papiere in Ordnung und sein Auslandsengagement in der Tasche hatte, alles auch reichlich verspätet, damit wäre die Spannweite des Kreises hier schon angedeutet. Es kam noch der Dr. med. B., der bei Dr. E. als »Unterseeboot« wohnte und durch den erwähnten SS-Mann über die Grenze gebracht ward; er hat später in Amerika reich geheiratet, aber sich um keinen von uns, auch um den Dr. E. nicht, jemals mehr gekümmert (was man am Ende auch verstehen kann). Es erschienen noch der eine oder der andere. Bemerkenswert ist, daß man damals bei Dr. R. auch zwei Leuten begegnen konnte, die später weltberühmt geworden sind. Man hat's ihnen nicht angesehen. Nichts Verhängtes wurde etwa schon manifest. Alles blieb in Suspenso: auch der Tod des alten weiblichen Unterseebootes bei einem Luftangriffe – sie konnte sich ja nicht in den Keller zu den anderen wagen! – und die Ermordung der schönen Tochter des Generalstabsarztes: sie hatte zu lange gezögert und starb in Theresienstadt.

Man sieht's: Grenzen, die nach 1945 wieder sehr bedeutungsvoll werden sollten, waren gesprengt, echte Notgemeinschaften waren entstanden. Den nach Österreich einmarschierten Deutschen, nicht so sehr den Truppen, als den ihnen nachfolgenden Stellen, Ämtern und Behörden, war es ja gelungen, den Nazismus innerhalb weniger Wochen in allen einigermaßen intelligenten Bevölkerungskreisen radikal auszurotten. Bei uns waren längst alle Grenzen gesprengt. Dereinst sollten sie neu aufgerichtet werden, und mit oft nicht geringem Aufwand an Intelligenz geschieht es da und dort auch heute noch und immer wieder.

Die beiden später prominenten jungen Männer – jetzt trugen sie schäbige Uniformen – traten hinter das Klavier, wo ein schwarzer lackglänzender Cello-Kasten stämmig stand, und nahmen ihre Instrumente hervor. Notenpulte waren schon da. Doktor B. öffnete den Flügel. Kurz danach entfaltete sich, mit dem nachmals so berühmten Goldglanze der beiden Streicher, der erste Satz von Beethovens Klavier-Trio opus 70.

Ich erinnere mich, daß wir dies stehend anhörten. Warum, weiß ich nicht. Niemand nahm Platz; auch keine von den Damen (als dritte hatte einer der Musiker eine pompöse Frau mitgebracht und kurz vor Beginn der Musik war Dr. R.'s sanfte Sekretärin hinzugekommen). Dieses jetzt sehr hell durch einen großen Lüster erleuchtete Zimmer, worinnen das Klavier stand, wirkte merkwürdig kahl, und ich kam, während sie noch spielten, dahinter, warum es so wirkte. Man hatte offenbar die Verdunklungseinrichtung erneuert, noch nicht aber die großen Vorhänge angebracht, welche sonst immer davor zusammengezogen gewesen waren; nun schlugen sich die zwei hoch hinauf reichenden kohlschwarzen Flächen zur Gänze in den Raum, wie ausgebrannte Fenster. Davor standen die Damen und Herren. Der Anfang von opus 70 – ein doch späteres Werk in jenem wilden Leben – ist von äußerster Schlichtheit und Sanftmut, im Duktus und in der Anlage des ganzen ersten Satzes. Mir schien die Zeit still zu stehen. Wir fielen aus ihr heraus, fielen von ihr ab wie dürre Blätter, hatten darin nichts mehr zu schaffen.

Nach Ende des ersten Satzes – mehr wollten sie zunächst nicht spielen – zerstreuten sich alle sofort durch die Zimmerflucht, merkwürdig geräuschlos, und ein ebenso geräuschloses Gelage begann – wobei man zum Teil wirklich auf den Diwans lag – da und dort hin zerstreut, in Gruppen. Mich hatte es neben die pompöse Dame und ins letzte Zimmer verschlagen. Es blieb in der Tat fast ganz still. »Ist es denn vielleicht gelungen, aus der Zeit zu steigen?« so dachte ich unter der ersten Einwirkung des Alkohols (dem Dr. R. schleppten seine Klienten daher, was er nur wünschte) und: »beneidenswert«. Bald gelang mir ähnliches auf dem angedeuteten Wege und durch die durchaus akzeptable Nachbarschaft der Pompösen.

Plötzlich aber sprangen alle auf und liefen im mittleren Zimmer zusammen. Es hatte geläutet. »Die Gringos, die Gringos!« rief man voll Freude.

Ein Paar trat ein, dahinter der Hausherr, welcher ihnen die Wohnungstüre geöffnet hatte. Gleich danach konnte ich von jenem Paare nichts mehr sehen. Sie waren umringt. Man schien sie sogar abzuküssen.

Als ich die Gringos wieder erblickte, mußte ich mich durch Albrecht mit ihnen bekannt machen lassen, denn ich war ihnen vordem nie begegnet. Der Eindruck war für mich geradezu überwältigend, und ich hätte bis dahin nicht geglaubt, daß es so etwas geben könnte. Ich zog mich sofort zurück, wie um Distanz von diesem Phänomen zu nehmen. Herr und Frau Gringo waren zwei überzeugend gute und liebe, völlig arglose wandelnde Ostereier, und sie sahen zudem einander so ähnlich – nun, wie eben ein Ei dem anderen.

Vier Offiziere traten zusammen, im Arbeitszimmer des Oberstleutnants F. Dieser, im ersten Weltkriege Reserve-Offizier, hatte im zweiten, durch Übertritt in den aktiven Stand, eine so hohe Charge bereits erreicht. Der Übertritt war eine kluge Handlung gewesen. Seine Stellung als Schuldirektor in der Fuldaer Gegend wäre bald unhaltbar geworden. Es genügt hier zu sagen, daß sein Bischof ihm als Laien die Befugnis zum Religionsunterricht erteilt hatte. Solches geschieht nicht allzu häufig. Jetzt befand er sich im Schutze der Wehrmacht und also wie der Prophet Jonas im Bauche des Leviathan statt vor dessen Zähnen.

Es ging um den Obersten. Seine Unvorsichtigkeiten in der Offiziersmesse nahmen zu. Der Oberstleutnant P., ein schwarzschnauzbärtiger, verstockter und kluger Mann, schien ihnen aufmerksamer zu lauschen, als uns gefallen konnte.

Zu dem Oberstleutnant F. hatte ich uneingeschränktes Vertrauen, mit vielem Rechte, wie sich stets erwiesen hat. Ich hatte hier, bei der »Einweisung« in meine Dienstobliegenheiten, zunächst unter seiner Leitung gearbeitet und gewissermaßen als sein Assistent. Dann erst »prüfte« ich selbständig. F. besaß ein hohes Maß von Routine in allen Sachen des Dienstes, obendrein Schlauheit, und ein deutliches Wohlwollen für mich. Ich dankte ihm schon manchen wertvollen Wink. Die beiden anderen Herren waren jener Luftwaffenhauptmann, der mir die famose Bemerkung vom »Leichenbegängnisse einer Kultur« zugeflüstert hatte, und ein Major aus Wien, auch ein Aktivierter, wohl möglich kein eben angenehmer Charakter (ich habe ihn nie näher kennengelernt und besaß sicherlich nicht seine Sympathien), doch zweifellos ein Ehrenmann. Es gab übrigens noch einen zweiten Major hier bei uns, einen ehemaligen aktiven k. u. k. Offizier, ich glaube von der reitenden Artillerie kam er, also von einer ganz exzellenten Truppe, doch trat dieser als Prüfer nicht in Erscheinung. Er war Adjutant des Kommandeurs; er stammte nicht aus Wien, sondern aus Böhmen, und war der einzige von uns, der hier im Hause eine Dienstwohnung hatte. Ein kluger, liebenswürdiger Mann und opportunistischer Schlauberger.

Der Oberstleutnant F. war es, der unsere besorgte Unterredung zu einem konkreten Resultat brachte: »Es gilt, kurz und gut, von diesen verhängnisvollen ›Lagebesprechungen‹ wegzukommen. Dabei regt sich der Oberst jedesmal auf. Am besten ist es, wir drängen das Gespräch vom Thema ab, wenn es so weit ist, und notfalls, meine Herren, muß jeder von uns es auf sich nehmen, dem Oberst dreinzureden und ins Wort zu fallen: am besten sogar reden wir zu zweit und zu dritt dazwischen. Es gehört sich gewiß nicht. Aber die Sache könnte sonst noch brenzlig werden.«

In der Tat bewährte sich die Methode. Den zweiten Obersten, Stellvertreter des Kommandeurs und Prüfer, hatten wir nicht hinzugezogen. Er war ein österreichischer Aristokrat, einst Rittmeister bei den Wiener-Neustädter Dragonern, und stand im gegenwärtigen Betracht über jedem Zweifel. Der Kommandeur selbst verhielt sich unseren gelinden Ungezogenheiten gegenüber tolerant. Vielleicht merkte er, wozu sie dienen sollten. Vielleicht auch hat ihm der Oberstleutnant F. – er galt viel beim Obersten – ein Wort über unsere Absichten gesagt.

Die Zusammenkünfte bei dem Doktor R. fanden nicht regelmäßig statt und zudem in größeren Abständen. Da wir keinerlei Lärm machten und nur am frühen Abende etwas Musik, so fielen wir nicht auf. Auch waren ja unser meist nur sechs oder acht.

Wir waren nicht banal, was ja von uns doch eigentlich wäre zu erwarten gewesen. Das ist merkwürdig. Wir waren es nicht in der Wahl unserer Wörter oder den Gegenständen und der Form unserer Gespräche. Als triebe uns der Druck der Dummheit von allen Seiten über uns selbst hinaus (denn gar so intelligente Leute waren wir ja keineswegs), als triebe uns das in eine Flucht nach oben, wie eine Sintflut, die alle Geschöpfe auf die höchstgelegenen Punkte jagt.

Ich sah Gringos wieder. Sie kamen jetzt jedesmal. Er hieß Manuel und wurde Mano gerufen. Ich sprach mit ihm (von beiden blieb ich vollständig fasziniert, auch jetzt). Er sagte beiläufig: »Man muß halt seine Pflicht tun und abwarten.« Die so fragwürdig gewordene Vokabel schien in seinem Munde einen anderen Sinn anzunehmen oder den früheren zu gewinnen, was fast auf ein gleiches hinauslief. Gringo war stets in einem Ministerium gesessen, ein Verwaltungsfachmann von hohen Graden. Er blieb auch jetzt unentbehrlich und wurde, wenngleich Reserve-Offizier, nie einberufen. Das Wort »Pflicht«, das er gebrauchte, erschloß mir den Mann, die Frau, also beide Ostereier. Ich bohrte nach. Er war nie irgendwelche politische Bindungen eingegangen, weder jetzt noch früher. »Wenn wir's überleben, werden wir schon noch den Sinn dieser Ereignisse und Geschehnisse erkennen.« Ich sah in seine etwas schräg gestellten mandelförmigen Augen. Seine Frau neben ihm hatte die gleichen. Ich wußte plötzlich, warum sich hier alles um Gringos drehte, warum man unaufhörlich sie hofierte und kajolierte, ihre Champagnerkelche füllte, Süßigkeiten herbeischleppte, mit ihnen in den Ecken flüsterte, und beide bezärtelte und streichelte, die Frau, den Mann: sie waren die einzigen von uns allen, die fähig waren – gänzlich in Unschuld, und ohne je für oder gegen eine Partei, eine Rasse oder Klasse gewesen zu sein – das, was geschah, für bare Münze der Wirklichkeit zu nehmen, und nicht für einen schweren Unsinnstraum, wie wir es empfanden. Sie saßen wie in einer sicheren Kapsel, er tat seine Pflicht (!), während wir, ohne Ausnahme, für oder gegen irgend was gewesen waren, von daher kommend oder dorthin abgesprungen, treibende Blätter in dämonischen Stürmen, in Spiralen um Gringos uns bewegend, um ihre ruhige Mitte; und langsam setzte sich das, wir sahen in die ruhige Mitte hinein und in den Gringoschen Frieden,

wo man sich so verhielt, als sei die Welt eine wirkliche
geblieben wie sie immer gewesen war: und dieses Als-Ob
schien uns durch Augenblicke oft stärker als jene Welt, in
der wir jetzt so schwer atmeten. Das war die Macht der
unschuldigen und gutartigen Gringos; und sie allein war
entscheidend; und nicht das intellektuelle Niveau dieser
Leute (»soweit davon die Rede sein kann«).

Ich sah während des Gespräches von meinem Diwan in
die Ecke des Zimmers, wo ein Kamin stand, welcher allerdings in seinem Innern einen Dauerbrandofen enthielt,
der sanft durch die Glimmerscheiben rötete. Die breite
dicke Platte des Kamins war leer; keine Vase, keine Schale, keine Statuette. Gemäß der sonstigen konventionellen
Prächtigkeit hier hätte dergleichen dort stehen müssen.
Ich wußte jetzt klar, daß die Gringos der Mittelpunkt
dieses ganzen Kreises waren, und fast unser Lebensborn,
um welchen wir uns drängten wie die Schatten aus der
Unterwelt um die bluterfüllte Grube des Odysseus.

Egon von H. kam vorbei. Ich erhob mich, nahm ihn
unterm Arm und ging mit ihm durch die Zimmer. Ich
wollte nicht hier und jetzt, ich wollte ein andermal mit
ihm über die Gringos reden. Er war ja einer von denen,
die stabil in Wien blieben, wie die Gringos auch. Von den
anderen – mit Ausnahme Albrechts – konnte man es nie
sicher wissen. Auch in bezug auf unsere »Annahmestelle«
nicht, oder nur vorläufig. Beim Militär wird man verschickt wie ein Postpaket, so will's der geistreiche
Brauch. Der Stabsarzt Dr. E. ist, von diesem Tage an
gerechnet, sechs Wochen später schon an der Ostfront
gewesen. Zum Glücke schwamm um diese Zeit sein Unterseeboot bereits auf der Oberfläche des Atlantik. Egon
war Reserve-Offizier, Fähnrich zur See, vom ersten Kriege her. Aber er hatte eine jüdische Großmutter, sei's nur
dokumentarisch produziert, sei's nach dahingehenden
Bemühungen wirklich entdeckt. Reserve-Offiziere durften nicht unter ihrem Dienstgrade einrücken, er also gar

nicht. Denn mit einer solchen Großmutter, so war die Meinung, konnte er als Offizier nichts taugen: blieb also in seiner Stellung als Bureauchef bei einem Walzwerk.

Wir sahen, daß die Zimmer leer geworden waren und daß sich schon wieder alle um die Gringos versammelt hatten; gewissermaßen um Blut zu lecken. Die Pompöse war auch dabei.

»Ein solcher Grad von Ahnungslosigkeit«, sagte Egon, und ich wußte sofort, von wem er redete, »ist sozusagen hochbrisant gefährlich. Es ist ein Lehrfall. Wenn der sich aber als nicht mehr möglich erweist, dann ist bald das Ende aller Zeiten nahe. Sie müßten überleben.«

»Warum sollen sie nicht überleben? Wer tut ihnen denn was?« So war meine dumme Antwort.

Am folgenden Abend hallten die breiten Gänge. Ein neuer Schub Anwärter war eingetroffen, auch ältere, große Burschen, die bald militärpflichtig sein würden. Im ganzen waren es gegen vierzig, so daß jeder der sechs Prüfer mindestens ein halbes Dutzend durchzuhecheln haben würde, im Unterrichtssaal (bei den schönsten Vorträgen über die alten Germanen und Verwandtes), im Turnsaale und im Arbeitszimmer, alle Gruppen mit ihrem Prüfer allein. Wenn solch ein Schwung Burschen einlangte (manche mußten freilich auch einzeln reisen, da man nicht immer alle sammeln konnte), ward unser im Hause wohnender Major in eine Art hausmeisterische Rolle gedrängt, dabei unterstützt von zwei jüngeren Oberfeldwebeln, die im Zivil Studienräte und sogar Doktoren waren, und einem Unteroffiziere. Jene beiden Herren hatten die schriftlichen Prüfungsarbeiten der Anwärter zu korrigieren und zu benoten. Des Majoren Stimme schallte freundlich auf den Gängen, er verstand es, mit den jungen Leuten umzugehen und den Krawall doch nicht zu gewaltig werden zu lassen, sei's im Schlafsaal oder beim Essen.

Des nächsten Morgens um acht Uhr war ich zur Stelle.

Die Personalpapiere meiner Prüflinge lagen schon am Schreibtisch. Ich hatte mir übrigens längst abgewöhnt, bei jedem Eintritte eines Burschen was Besonderes und Hochindividuelles zu erwarten. Der weit überwiegende Teil war ja als werdende Person (»soweit davon die Rede sein kann«) noch unkenntlich und wies nur ein Gepräge, wie eine Münze.

Als Dritter trat ein sympathischer junger Mann bei mir ein, von welchem ich, sogleich als er unter der Türe erschien, schon wußte, daß er zu diesem, im ganzen doch durchaus preußisch ausgerichteten Kommiß etwa so passen mochte wie ein Kochlöffel zum Schießen.

Während er sich gegen meinen Schreibtisch zu bewegte und ich ihm einen Stuhl daneben wies, sprang in mir etwas vor, das ich als Rettungs-Instinkt bezeichnen muß. Ich war in dieser Hinsicht schon fest entschlossen, bevor er noch saß. Es war ein dicklicher, kaum mittelgroßer Bub (letzteres trotz seines beinahe erwachsenen Alters), mit einem gutartigen Gesicht, in welchem die mandelförmigen Augen etwas schräg standen. In Wien nennt man das ein »eierförmiges G'schau«.

»Du willst Reserve-Offizier werden?« fragte ich und er sagte einfach »ja«, nicht »jawoll, Herr Hauptmann!«, und sagte es auch ohne im Sitzen sich aufzurichten und mit dem Oberkörper Haltung anzunehmen.

»Du kommst aus Prag?«

»Ja, ich komm' aus Prag«, antwortete er in gutem Österreichisch, welches dort einst daheim war.

»Du hast hier in Wien Verwandte?« fragte ich.

»Nein.«

»Bist' zum ersten Mal in Wien?«

»Bin zum ersten Mal in Wien«, sagte er gemütlich und meine Frage gleichsam kopierend. Sein Benehmen war gänzlich zivilistisch, nicht von irgendeinem paramilitärischen Verband geprägt, wie das bei den meisten jungen Leuten damals der Fall war. Er hatte das Benehmen eines Buben aus gutem Hause.

Sein Vater war Kunsthistoriker, das wußte ich aus den Papieren, und als Custos in einem Prager Museum tätig. Eine zur Zeit etwas deplazierte Existenz, ganz wie der Sohn hier deplaziert war auf seinem Sessel neben meinem Schreibtische. Ich glaubte jenen Vater zu verstehen und zu erraten: warum nämlich er den Buben auf diesen Weg geschickt hatte. Früher oder später mußte der doch einrücken. Wurde er nun bei der hiesigen Dienststelle als Offiziers-Anwärter angenommen, so hatte das zur Folge, daß wir gewissermaßen die Hand auf ihn legten, so daß er als Rekrut gar nicht mehr einberufen werden konnte. (Jeder akzeptierte Anwärter ward durch uns beim Wehrbezirkskommando gesperrt: nur wir konnten ihn einberufen lassen, zur Offiziersausbildung nämlich.) Das alles hatte lange und längere Wege, und auf die kam es dem Herrn Papa in Prag sehr begreiflicherweise an. Was er jedoch nicht wußte, war, daß es bei diesen Wegen zwischen den drei Waffengattungen der Luftwaffe – Fliegertruppe, Fliegerabwehr, Luftnachrichtentruppe – importante Unterschiede gab. Und offenbar hatte er die dritte dieser Waffengattungen für die harmloseste gehalten: sie war es aber nicht in unserem Zusammenhange hier. Meine nächsten Fragen ergaben bereits, daß die Wahl der Luftnachrichtentruppe nicht von dem Sohne kam, sondern offenbar vom kunsthistorischen Vater stammen mußte. Sie war dem Buben wahrscheinlich eingeschärft worden.

»Hast' dich schon einmal, vielleicht vor der Matura, mit elektrischen Experimenten befaßt, Schwachstromtechnik, Telegraphie, Radio?«

»Hab' solche Sachen nie gemacht.«

»Was denn hast' gemacht?«

»Lesen«, sagte er und sah mich aus seinem »eierförmigen G'schau« ruhig an.

»Was hast' gelesen?«

»Englisch«, antwortete er. »Den Defoe, den Stevenson, den Cooper, den Swift, den Dickens, den Hardy, den Meredith, den James, den Wilde, den Joseph Conrad.«

»Und warum willst' zur Luftnachrichtentruppe?«

»Denk' mir, es ist interessanter.«

Es konnte mir nicht entgehen, daß unsere merkwürdige Konversation in einen bestimmten Rhythmus gefallen war, der jetzt uns beide umfaßte. Er redete so wie ich und ich wie er. Vielleicht hatte ich mich angepaßt. Vielleicht wollte ich auf diese Weise besser an ihn herankommen. Es erschien mir als möglich.

Zur Fliegertruppe wollte er nicht. Hier fehlten auch alle »Bindungen«, wie das hieramts technisch benannt wurde: Segelflugschule, Modellbau und dergleichen. Jedoch auch zum Nachrichtenwesen fehlten die »Bindungen« bei ihm. Ich konnte mit dieser Begründung ihn für die Fliegerabwehr, die »Flak«, akzeptieren. Bei der Luftnachrichtentruppe wurde Frontbewährung verlangt, bevor einer den Offizierskurs beginnen konnte. Bei der »Flak« nicht. Warum, bleibt hier gleichgültig (es hatte wohl seine Gründe, die Front der Flak war zudem überall). Hier würde geraume Zeit vergehen bis zu seiner Einberufung, und dann begann die Schule!

Ich sagte ihm, daß er bei den Luftnachrichten zunächst in der Truppe würde ausgebildet werden. Dann Frontbewährung. Dann Offiziersschule.

Er begann endlich zu verstehen, das heißt die Direktiven seines Vaters zu verlassen. Ich hatte lange genug mit seinem verspielten Unverstande zu ringen. Aber ich mußte dabei unter allen Umständen obsiegen. Ich wußte es. Ich nahm ihn bedingungsweise für die Flak an. Die Prüfungsergebnisse des Tages waren dann bei ihm befriedigend.

Doch, wo immer etwas von einiger Bedeutung (sei's für wen immer) im Gange ist, dort erheben sich auch Hindernisse.

Die schriftlichen Arbeiten der Anwärter fand ich am nächsten Morgen korrigiert auf meinem Schreibtische vor; bei jenen des Kunsthistoriker-Sohnes aus Prag hatten die Herren Studienräte kaum rote Tinte verwenden müssen. Auch die übrigen Burschen hatten ihre Sache gut gemacht. Es war ein intelligenter Schub diesmal. Wir kannten auch dumme.

Die Prüfung hatte gestern nicht beendigt werden können. Keineswegs alle Gruppen waren durch alle Stationen gelangt. Bei mir fehlte der Turnsaal. Er war gestern durchwegs besetzt gewesen. Der Adjutant und Hausmajor gab durch Telephon bekannt, daß wir den morgigen Tag würden zur Verfügung haben, um die Gutachten auszuarbeiten. Das hieß: ab zehn Uhr erst im Dienste. Mir sagte der Major außerdem, ich möge zum Obersten herunter kommen.

Dieser empfing mich mit gewohnter Freundlichkeit, setzte sich mit mir an den Rauchtisch und begann gleich von dem Prager Anwärter zu sprechen.

Der Oberstleutnant P., so meinte er, habe sich mit dem Burschen unterhalten und ihn ungewöhnlich intelligent gefunden. Es wäre vielleicht doch wünschenswert, Bewerber von dieser Art der etwas schwierigeren Luftnachrichten-Truppe zuzuführen. Doch sage der Junge, er sei von mir für die Flak angenommen worden.

Im Rahmen der Sache blieb mir nur der Hinweis auf das völlige Fehlen aller physikalisch-technischen »Bindungen« bei diesem Anwärter. »Ein a-technischer Typ«, fügte ich hinzu.

»Allerdings ein schwerwiegendes, ein fast entscheidendes Argument!« sagte der Oberst. »Es zeigt sich auch hier wieder, daß doch nur der betreffende Prüfer selbst einen Fall ganz überblickt. Nun, Herr von S., ich wollte nur anregen, daß Sie die Sache nochmals überprüfen und erwägen.«

Damit war ich entlassen und ging in den Turnsaal, wo vor den Leitern schon die Prüflinge in einer Reihe warteten, der Unteroffizier dabei.

Was an dieser Sache mich vor allem unangenehm berührte, war, daß ich (durch den Prager) sozusagen in das Blickfeld des schnauzbärtigen Oberstleutnant P. geraten war. Doch gedachte ich nicht zurückzuweichen. Nach der Turnprüfung – die bei allen gut ausfiel, auch bei dem »Eierförmigen« (was mich verwunderte) – kehrte ich in mein Arbeitszimmer zurück und wandte mich den Gutachten zu. Um so weniger würde ich morgen damit zu tun haben.

Der Tag war still. Die Burschen verließen in Begleitung des einen Studienrates das Haus, um zu den ärztlichen Untersuchungen zu gehen.

Das Zimmer war hell. Ich hatte die Empfindung, als müsse bald der erste Schnee kommen, ja, als sei er schon da. Das Zimmer war nicht kahl. Ich hatte ein paar Bilder da hängen, Graphiken, Arbeiten von Freunden.

Mit den Gutachten rasch voran. Bei dem Prager schrieb ich hinter »geistig« diesmal nicht mein gewöhnliches Sätzchen, sondern: überdurchschnittlich begabt.

Einmal schlief ich ein. Es war, als verlange eine kaum bemerkte tiefere Angestrengtheit ihr Recht. In der Offiziersmesse herrschte heute erholsame Zwanglosigkeit. Weder der Kommandeur noch der Oberstleutnant P. waren anwesend. Beim Kaffee (oder was man damals so nannte) viel Geschwätz, reichlich ungeniert. Wir blieben lange sitzen.

Gegen Abend hallten wieder die breiten Gänge. Unsere Anwärter kehrten von den ärztlichen Stationen zurück. Im Fenster stand jenes Stahlblau, das knapp vor der Dunkelheit kommt im beginnenden Winter und nicht lange währt. Es wurde draußen bald stiller. Auch die unerschöpflichen Kräfte der jungen Burschen kamen an den Rand. Man hatte sie genug herumgehetzt. Mancher mochte nach der Abendmahlzeit sich nur gleich aufs Ohr legen wollen. Ich schloß die Verdunkelung und schaltete das Licht ein. Auf dem Schreibtische lagen die fertigen

Gutachten. Ich würde morgen daran nichts mehr zu tun haben.

Ich konnte gehen, jetzt. Die Dienststunden waren zu Ende. Setzt man den Soldaten an einen Schreibtisch, dann wird er zum Beamten, wobei herauskommt, daß er nie ein Soldat gewesen ist. Soldaten mit Aktentasche. Den Typ hatte es früher nicht gegeben; mir lag weder am einen noch am anderen was. Ich machte mich fertig und trat auf den breiten Gang. Er war leer und mäßig erleuchtet. In der letzten Fensternische vor der altertümlichen breiten Treppe stand jemand. Ich hörte halblaut sprechen. Es war der Oberstleutnant P. mit meinem Prager Anwärter, zu welchem er in wohlwollendem Tone sprach, den Arm um seine Schultern gelegt. Ich salutierte im Vorbeigehen, er dankte. Als ich die Treppe betrat, hörte ich seine Stimme hinter mir:

»Herr von S., gehen Sie schon?«

»Jawohl, Herr Oberstleutnant«, antwortete ich. Er kam nach, auch schon mit Mantel und Kappe. »Gehn wir zusammen«, sagte er. Wir stiegen die Treppe hinab. »Was Ihren Prüfling aus Prag betrifft, mit dem ich eben sprach«, äußerte er, als wir auf der finsteren Straße dahingingen, gegen die Haltestelle der Trambahn zu, »so habe ich mich nunmehr Ihrer Anschauungsweise angeschlossen, Herr von S. Der Bursche hat sicher nicht das Zeug zur Luftnachrichtentruppe. Steht dem Technischen ganz fremd gegenüber. Na ja, bei der Flak gibt's ja davon auch genug, das große Gerät, wenn Zieldarstellung geflogen wird, und dergleichen, vom Geschütz selbst zu schweigen. Aber das kann einer eher erlernen. Ich will's morgen dem Obersten sagen, daß ich Ihrer Beurteilung des Falles beitrete. Nichts für ungut, daß ich mich eingemengt habe.« »Ich war ein wenig irre geworden«, antwortete ich, »da mir ja ein solches Maß von Erfahrung nicht eignet, und habe deshalb den ganzen Fall nochmals vorgenommen.« »Und mit welchem Ergebnis?« fragte er. »Mit dem gleichen, Herr Oberstleutnant«, sagte ich. »Recht so!«

rief er, »ich danke Ihnen, Herr von S.« Sein Straßenbahnzug kam; er mußte in die andere Richtung fahren. Ich salutierte, er schüttelte mir die Hand.

Am gleichen Abend bei Doktor R. Ich hatte daheim nur Zivil angezogen und irgend etwas gegessen, was eben von meinem Faktotum vorbereitet worden war. Dennoch kam ich weit später auf den Favoritenplatz als sonst und fand die Lage dementsprechend vorgeschritten. (Albrecht öffnete mir nur die Tür und lief gleich wieder in die Zimmer.) Man schien auch mehr getrunken zu haben, oder kam mir das nur so vor, weil ich selbst unter keiner alkoholischen Einwirkung stand. In jenem Zimmer, wo der Kamin war, hatte sich um die Gringos eine von Zärtlichkeit summende und brummende Traube gebildet. Man hörte auch Quieken und das Schmatzen von Küssen. Niemand beachtete mich, als ich eintrat. Ich blieb im Klavierzimmer stehen und blickte durch die offene Flügeltür. Die meisten kehrten mir den Rücken. Jetzt erst ging mir auf, womit man da beschäftigt war: nämlich das Ehepaar (vielleicht hatte man sie vorher volltrunken gemacht) gänzlich zu entkleiden, wobei mir vor allem die Damen eifrig tätig zu sein schienen, auch das Unterseeboot und die Pompöse. Jetzt hob man die rundlichen blanken Leiber hoch empor: und nun saßen die Gringos nebeneinander auf der warmen Platte des Kamins, während unten alle einander im Halbkreis die Hände reichten und sich mehrmals tief verbeugten. Alles in Stille. Alles schweigend. Dies erschien mir als am meisten kennzeichnend dabei: niemand lachte im geringsten. Auch der Stabsarzt und Dr. B., sein Unterseeboot, ebenso Egon von H., sie alle waren völlig ernst. Die Gringos sahen eigentlich nicht aus wie ein Mann und ein Weib (hintennach und viel, viel später kamen wir dahinter, daß Herr und Frau Gringo auf gar niemanden von den damals Anwesenden – soweit sich diese noch äußern konnten – eine Wirkung solcher Art auch nur im geringsten gehabt hatten). Sie sahen eher aus wie Schweinchen, doch solche mit mandelförmigen, traurig blickenden Augen.

Ich wich. Wäre ich alkoholisiert gewesen, dann hätte ich mich der hier geübten, in irgendeiner Weise rituellen Verehrung dieses Paares vielleicht angeschlossen. So aber prellte ich gleichsam auf, ohne jede Dämpfung und Milderung. Die Türe vom Vorzimmer ins Klavierzimmer war von mir, wie ich jetzt sah, nicht ganz geschlossen worden. Ich glitt lautlos hinaus, nahm Hut und Mantel – erst draußen auf der Treppe schlüpfte ich hinein – und ging bald rasch auf der finsteren Straße dahin, völlig befangen in der Vorstellung, es sei zwei oder drei Uhr früh und ich hätte ein ausschweifendes Gelage hinter mir. Daß bei Dr. R. das Haustor noch unversperrt gewesen war, fiel mir gar nicht ein, oder erst, als ich das meine dann auch noch offen fand. Es war neun Uhr. Ich nahm eine Flasche Armagnac, die ich noch aus Frankreich hatte, und trank vor dem Tische stehend aus einem flachen Glase. Im Hause schien es absolut stille zu sein. Ich ging bald zu Bett und schlief wie ein Stein.

Am nächsten Morgen erwachte ich sehr zeitig, noch war es dunkel. Ans Fenster tretend sah ich die Dächer heraustauchen in den Tag. Alle weiß im Schnee, gegiebelt und flach, eine zusammengeduckte Gänseherde bis an den Horizont.

Ich mühte mich, so rasch wie möglich fertig zu werden und an mein Tischchen zu kommen, neben das ich auf ein Taburett den Tee stellte. Jeder Handgriff schob etwas vor mir her, schob es hinaus. Im Grunde war ich froh, in Eile und beschäftigt zu sein.

Als ich endlich saß und meine Papiere auseinander breitete – etwa um sieben Uhr – gellte das Telephon.

Es war Egon. Ob ich gleich zu ihm kommen könne. Er werde mich am Haustor erwarten. Bei Gringos sei wahrscheinlich ein Unglück geschehen.

»Wo wohnen die Gringos?« fragte ich.

»Drei Häuser weit von mir«, sagte Egon.

Bis zu ihm hatte ich kaum zweihundert Schritte. Jetzt erst erfuhr ich's also, wie nahe diese Gringos mir wohnten.

»Die Hausmeisterin von ihrem Haus war bei mir, sie kennt mich, ist meine Bedienerin. Sie hat gestern für Frau Gringo beim Einkaufen ein paar Sachen besorgt, die wollte sie jetzt abgeben, weil die beiden schon sehr früh in ihre Büros gehen. Es hat ihr niemand geöffnet, und aufsperren hat sie nicht können, weil die Schlüssel innen stecken. Sie hat auch welche, sie bedient dort ebenfalls.«

»Ich komme«, sagte ich.

Schlüssel, die innen stecken, wenn niemand öffnet, sind ein böses Zeichen.

Ich zog meine Uniform an. Wußte ich denn, ob ich vor dem Dienst noch einmal würde nach Hause kommen? Auf der Straße hatte der so still gefallene Schnee einen ungeheuren Lärm erzeugt. Räumungsfahrzeuge fuhren scheppernd vorbei und allenthalben kratzte man die Gehsteige frei. Da stand Egon. Wir gingen drei Haustore weiter. Als wir den Treppenabsatz vor der Wohnungstür betraten, war es der Hausmeisterin, einer jungen geschickten Person, mit irgendeinem herbeigeholten Instrument endlich gelungen, den innen steckenden Schlüssel aus dem Schlosse zu stoßen. Nun sperrte sie mit dem ihren auf.

Ich beachtete diese Zimmer nicht, aber ich hatte beim Hindurchgehen den Eindruck, nur in den Augenwinkeln, von außerordentlicher Nettigkeit und puppenhafter Zierlichkeit. Die Doppeltür zum letzten Raume, dem Schlafzimmer, war geschlossen. Die Hausmeisterin klopfte. Dann trat sie gleich ein. Wir folgten.

Durch die Vorhänge fiel ein gedämpftes Licht. Auch hier herrschte größte Ordnung. Ebenso ordentlich lagen die Gringos in ihren Doppelbetten am Rücken. Beide waren völlig kalt. Es braucht hier nicht viel mehr gesagt zu werden. Die Zunge eines offen gelassenen Briefumschlages stach von dem einen Nachtkästchen in die Luft. Ich zog das Blatt heraus. Es enthielt zwei Adressen mit Telephon-Nummern, dabei die Notiz: nach unserem Ableben zu verständigen – alles weitere wird von dort geordnet! Sonst nichts. Das Pulver war natürlich da und ein großes Glas, in welchem sich noch Wasser befand. Wahrscheinlich Cyankalium, dachte ich – was halt ein Laie denkt in so einem Fall. Vielleicht hatten sie es schon lange. Sie lagen ordentlich in ihren Betten, bis zum Hals zugedeckt, die Arme ausgestreckt. Wir schwiegen. Dann sprach Egon ein kurzes Gebet in lateinischer Sprache. Die Hausmeisterin bekreuzigte sich. Mich hob mein eigenes Staunen aus den Angeln. Ich war hier einfach nicht mehr zu gebrauchen. Wie sie da lagen, erschienen sie mir wie die noch sichtbaren Spitzen eines ansonst untergegangenen Kontinents. Ein Doppel-Eiland. »Ich muß zum Dienst«, sagte ich. »Wirst du das Erforderliche veranlassen, Egon?« Er nickte. Ich gab ihm und der Hausmeisterin die Hand. Auf der Treppe dachte ich: »Den Buben hättest du getrost zu seiner Luftnachrichtentruppe rennen lassen können.«

Ich ging nach Hause. Es war acht Uhr. Ich machte starken Kaffee. Doch erweckte er mich nicht wirksam. Ich blieb in einem merkwürdigen Zustande von Somnolenz, von allem getrennt, auf mich selbst zurückgeworfen. Ich saß im Schneelicht, welches weiß das Zimmer weitete, und hielt eine Zigarette in der Hand, deren Asche immer länger wurde. Als ich die Hitze an den Fingern spürte, ließ ich die Zigarette in den Aschenbecher fallen, ohne mich sonst zu rühren.

Wie war es nur? Eine Stufe oder ein Buckel schienen überhoben, ein Höhepunkt überschritten.

Ich dachte nicht mehr an die Gringos.

Als ich zur Dienststelle kam, lag neben den erledigten Gutachten auf meinem Schreibtisch schon ein Stoß neuer Akten. Die Papiere des nächsten Schubes. Ich begann sie durchzusehen. Um elf Uhr klingelte das Telephon. Der Oberst. »Ich wollte Ihnen nur sagen, bezüglich des Prager Anwärters, Herr von S., daß Ihre erste Entscheidung sich offenbar doch als die richtige erweist. Herr Oberstleutnant P. war eben bei mir. Er hat sich Ihrer Meinung nunmehr angeschlossen. Sie haben den Fall wohl noch einmal vorgenommen?«

»Jawohl, Herr Oberst«, antwortete ich. »Mit dem gleichen Ergebnis.«

»Dann bleibt es also bei Flak«, sagte er. »Wir sperren jetzt die Angenommenen beim Wehrbezirkskommando.«

Ich legte auf, lehnte mich im Sessel zurück, dachte noch »also wenigstens dieser« und war auch schon eingeschlafen.

Und fernerhin schlief auch diese ganze Sache in mir und verblieb so. Ja, zuweilen schien sie mir wenig wirklich, wie alles aus jener Zeit. Ich dachte nicht mehr an die Gringos.

Das Resultat meiner Bemühungen sollte ich erst siebzehn Jahre später erfahren und zu sehen kriegen, unter gänzlich gewandelten Sternen.

Damals war mir der Name meines Prager Anwärters schon wieder begegnet. Jemand hatte ihn genannt, als Custos eines staatlichen oder städtischen Museums hier in Wien. Er war also in Studium und Beruf dem Vater nachgefolgt. Ich wüßte nicht, daß mir jene Erwähnung besonderen Eindruck gemacht hätte.

Einige Monate danach kam ich über den »Graben«, jene schöne Wiener Straße, in welche die Schaufenster der entzückendsten Geschäfte mit tausend hübschen Dingen hinausplaudern. Die Luft schien mir mild und schäumig, wie frische Seifenflocken, geradezu wohlriechend und jetzt, im Mai, große, geschlossene Blocks von Kühle noch enthaltend. Die mächtige blaue Fahne des Himmels schlug noch keinerlei Hitze herab auf den

Asphalt, nur sanfte wehende Bänder von milder Wärme streiften hier Stirne, Wangen und Hände.

Ich sah ihn, etwa zwanzig Schritte entfernt, in der Gegenrichtung behaglich schlendernd einherkommen, ein dicklicher, noch immer jugendlicher Mann. Das Gesicht war etwas fülliger geworden und zeigte jene Aufweichung, die fast allen Kunst-, Literatur- und Musikgelehrten eignet, weil ihr geistiger Haushalt auf dem schon Geformten beruht und nicht das rohe Material des Lebens bewältigen muß. Unverändert blickten die etwas schräg gestellten, mandelförmigen Augen, das »eierförmige G'schau«. Er passierte knapp an mir vorbei, ohne mich zu erkennen. Warum auch hätte er mich erkennen sollen? Die Gringos hatten ihn ja in Sicherheit gebracht, so weit das damals möglich war, nicht ich. Nun ja. Es gibt Gedanken, die sich nur bei ganz stillem Wasser hervorwagen. Dann aber schwänzeln sie mit der größten Selbstverständlichkeit dahin wie die silbernen Fischlein. Und im stillsten Wasser ist die Wiederkehr.

Anmerkungen

Die Peinigung der Lederbeutelchen
Von Doderer auf 1931 datiert; vermutlich aber erst nach 1932 entstanden, da der Titel in einer Liste vom 19. 10. dieses Jahres, die Doderers Kurzprosa verzeichnet, nicht aufscheint.

Ein anderer Kratki-Baschik
1956 entstanden; Bericht eines tatsächlichen Ereignisses, ebenso sind Personennamen und Ortsangaben nicht fiktiv.

Zwei Lügen oder Eine antike Tragödie auf dem Dorfe
1932 entstanden; Wanderanekdote, die Anfang 1932 in verschiedenen Tageszeitungen kolportiert wurde. Vgl. dazu Herbert Knust: Camus' ›Le Malentendu‹ and Doderer's ›Zwei Lügen‹. Archiv für das Studium der neueren Sprachen und Literaturen. 208. Bd., 123. Jg. (1971), S. 23–34.

Das letzte Abenteuer
Nach Angabe des Autors soll es Vorfassungen 1917 und 1923 gegeben haben; von der zweiten finden sich kaum Reflexe in den Aufzeichnungen Doderers. Die Niederschrift erfolgte in kurzer Zeit im Herbst 1936. Vgl. dazu H. M. Waidson: Heimito von Doderer: ›Das letzte Abenteuer‹. Books Abroad 42 (1968), S. 375–378. In Buchform erschienen Stuttgart 1953.

Tod einer Dame im Sommer
Entworfen Ende 1962; entstanden im April 1963.

Unter schwarzen Sternen
Im Juni 1961 unter dem Titel ›Aus tiefer Wüste‹ konzipiert; an der Wende von 1962 zu 1963 erfolgte die Niederschrift.

Heimito von Doderers Werke im Biederstein Verlag

Die Strudlhofstiege oder Melzer und die Tiefe der Jahre
Roman. 41.–44. Tausend. 909 Seiten. Leinen

Die Dämonen
Nach der Chronik des Sektionsrates Geyrenhoff. Roman.
29.–32. Tausend. 1347 Seiten. Leinen

Ein Mord den jeder begeht
Roman. 28.–30. Tausend. 371 Seiten. Leinen

Die Merowinger oder Die totale Familie
Roman. 17.–20. Tausend. 367 Seiten. Leinen

**Die erleuchteten Fenster oder Die Menschwerdung
des Amtsrates Zihal. Ein Umweg**
2 Romane. 301 Seiten. Leinen
Neuausgabe in einem Band

Roman No 7
Erster Teil: Die Wasserfälle von Slunj. 16.–22. Tausend.
394 Seiten. Leinen. Zweiter Teil: Der Grenzwald.
Ein Fragment. 2. Auflage. 272 Seiten. Leinen

Frühe Prosa
Die Bresche. Jutta Bamberger. Das Geheimnis des Reichs.
Hrsg. von Hans Flesch-Brunningen. 395 Seiten. Leinen

Unter schwarzen Sternen
Erzählungen. 240 Seiten. Leinen

Ein Weg im Dunklen
Gedichte und epigrammatische Verse. 100 Seiten. Leinen

Tangenten
Tagebuch eines Schriftstellers 1940–1950. 2. Auflage.
848 Seiten. Leinen

Repertorium
Ein Begreifbuch von höheren und niederen Lebens-Sachen.
Hrsg. von Dietrich Weber. 287 Seiten. Leinen

Die Erzählungen
Hrsg. von Wendelin Schmidt-Dengler. 2. Auflage. 501 Seiten.
Leinen

Commentarii 1951 bis 1956
Tagebücher aus dem Nachlaß. 596 Seiten. Leinen

Heimito von Doderer

»Einer der großen Erzähler
unserer Sprache!« (Günter Blöcker)

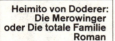

Die Merowinger oder
Die totale Familie
Roman
dtv 281

Die Wasserfälle
von Slunj
Roman
dtv 752

Die Strudlhofstiege
Roman
dtv 1254

Ein Mord den
jeder begeht
Roman
dtv 10083

Anthologien im dtv

Fahrt mit der S-Bahn
Erzähler der DDR
dtv 778

Frauen in der DDR
Zwanzig Erzählungen
dtv 1174

Frauen in Lateinamerika
Erzählungen und Berichte
dtv 10084

Als Fremder in Deutschland
Berichte, Erzählungen, Gedichte von Ausländern
dtv 1770

Die Stunde Eins
Erzählungen, Reportagen, Essays aus der Nachkriegszeit
dtv 1780

Auf Live und Tod
Satiren für Rundfunkfreunde und Fernseher
dtv 10149